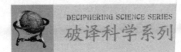

DECIPHERING SCIENCE SERIES
破译科学系列

U0634846

王志艳◎编著

古墓探秘

科学是永无止境的
它是个永恒之谜
科学的真理源自不懈的探索与追求
只有努力找出真相，才能还原科学本身

延边大学出版社

图书在版编目（CIP）数据

古墓探秘 / 王志艳编著. —延吉：延边大学出版
社，2012.6（2021.6 重印）
（破译科学系列）
ISBN 978-7-5634-4878-4

Ⅰ．①古… Ⅱ．①王… Ⅲ．①墓葬（考古）－世界－
青年读物 Ⅳ．① K868.8-49

中国版本图书馆 CIP 数据核字（2012）第 115220 号

古墓探秘

编　　著：王志艳
责任编辑：李东哲
封面设计：映像视觉
出版发行：延边大学出版社
社　　址：吉林省延吉市公园路 977 号　邮编：133002
电　　话：0433-2732435　传真：0433-2732434
网　　址：http://www.ydcbs.com
印　　刷：永清县晔盛亚胶印有限公司
开　　本：16K　165×230 毫米
印　　张：12 印张
字　　数：200 千字
版　　次：2012 年 6 月第 1 版
印　　次：2021 年 6 月第 3 次印刷
书　　号：ISBN 978-7-5634-4878-4
定　　价：38.00 元

前言
Foreword

古墓，历来是一些冒险者、贪婪者的觊觎之地。古往今来，多少古墓被盗，多少坟冢被毁，不外乎都是为了那里面的财宝金银、锦帛珠玉。而古墓背后的故事，却只留得历史学家和考古学家来探究。然而，那些扑朔迷离古墓的故事，又埋葬了鲜为人知的惊人真相……

古墓的划分，在国外一般指欧洲大陆史前时期的墓地；在我国是指在民国以前入土的、有研究价值的墓地。

人类在历经两千多年的风云变幻后，在所有的未解之谜中，古墓的神秘色彩最深厚，最能激发人的种种想象和猜测：

曾侯乙墓是否完好无损？

曹操设置七十二疑冢是真是假？他的真墓究竟在什么地方？

一代女皇武则天立的无字碑有何寓意？为什么乾陵的石像都没有头？

慈禧精心打造的陵墓豪华到什么程度？

神秘的吉萨高地古墓到底还隐藏着多少不为人知的秘密？

历经了世事的沧桑变换，一座座曾经辉煌壮观而又神秘无比的古代陵墓如今是什么样子？

硕大的陵寝里面埋有什么奇珍异宝？

地宫里面暗藏着怎样的玄机？它们的背后都隐藏着什么样的故事和秘密？

被盗的古墓里那些价值连城的稀世珍宝都流向了何方……

本书将千古墓葬诸多谜团娓娓道来，以飨读者。

本书在编写过程中，参考了大量相关著述，在此谨致诚挚谢意。对书中存在的纰漏和不足之处，恳请各界人士予以批评指正，以利再版时修正。

秦公一号大墓探秘

1974年，陕西春旱严重，骊山脚下许多村民被迫打井抗旱。在井底，忽然有人挖到一个奇怪的陶土人头。当时他们谁都不会想到，这个陶土人头引出的，是巨大的秦俑方阵。这一个个形态各异的人俑都是武士打扮，这些武士守护的是中国历史上第一个封建王朝的缔造者——强悍的秦帝国统治者秦王嬴政。在此之前，人们对这位始皇帝和秦朝的了解，大多仅限于史料记载，兵马俑的发现，使人们能够更充分地勾勒出这个王朝的轮廓。

这个帝国从何而来，他们先祖的遗存又在哪里？为了弄清这些人俑背后的秘密，考古学家苦苦找寻那个强大的秦帝国和其先祖的足迹。在灵山东南30公里之外，有一个叫南指挥村的地方弥漫着一个个难解的谜团，穿越数千年的漫长岁月不断浮现于人们跟前，一段扑朔迷离的历史渐渐清晰地展露出来。

南指挥村坐落在陕西省宝鸡市风翔县城南5公里，离村子不远处有一块奇怪的荒地，春夏时节，不管雨水多寡，那里庄稼都长不好。生活在附近的人们对此似乎也习以为常，没人想去深究。一天，附近一赵姓村民推着小土车来到这里，他要挖点土修补自家的院墙。铁铲挥处，黄土里带出一些奇怪的土块，它们的颜色和形状与周围黄土明显不同，有黄有红，还夹杂着一些碎石，看起来非常坚硬。后来发现，那些奇怪的土块是经过人工夯砸的，这个勘察结果，让考古队员震惊不已。他们来自一个巨大的地下工程，这个四方形的神秘地下工程，竟然足足有两个国际标准篮球场大！

不久之后，考古勘察又有离奇的发现。工程东西方向有向外的延伸迹象，整个工程呈怪异的"中"字形结构，全长300米，面积达5334平方米，规模已远远超过先秦已知各诸侯国国君的墓葬。大墓的墓室平面呈矩形，东西长约60米、南北宽近40米，四壁建有三层台阶，逐层缩小，正像是倒着的金

△ 秦公一号大墓外观

字塔，而塔顶处应该就是整个墓葬的核心——秦君安寝的椁室。

整个椁室可谓宏伟工整，材质精良，技艺高超。套椁的枋木均由规整的柏木材心做成，每根的横截面都是边长21厘米的正方形，两端中心有21厘米长的榫头，重逾300公斤，长度分为5.6米和7.3米两种。为了防止地下水沿着木料结节渗入造成腐朽，椁木原有的结节都被挖出，然后用铅、锡和白铁合金浇注封护。在金属浇注过程中既没有烧坏本质，又浇注得很平整，可以看出当时把握合金配比和浇注火候的技术已很成熟。在椁室周围和上方填有木炭，外围再填注青膏泥，这些保护层可以防止水分和氧气进入以保护椁室。椁木的木质至今保存完好，这完全可称得上是一个奇迹。

因为这套由柏木枋垒砌而成，侧面有榫头伸出的框式结构椁具，正是古书中所言、天子专用的神秘葬仪——"黄肠题凑"。根据汉代文献，"黄"是指呈黄色的柏木材质；"肠"指木材材心；"题"是头或端，指每根椁木两端伸出的榫头；"凑"是指椁木的榫头在椁室南北两侧形成的长方形框式规范。文献中记载只有天子才能享用"黄肠题凑"的椁具，所谓"天子柏椁，诸侯松椁；天子题凑，诸侯不题凑"。尽管所言甚详，但近代以来从未有人见过"黄肠题凑"的葬法。这座墓葬中出土的椁具无疑是我国发现"黄肠题凑"的第一个实例，也是目前发掘出的时代最早、等级最高、形制最大的葬具。

尽管秦君囊括四海、取周天子而代之的野心在历史中不绝于耳，但早在迁都咸阳之前秦公就敢于在墓葬中使用天子的礼仪，却有些超乎后人的想象。如此看来，及至后来秦公称王，始皇帝一统寰宇，更不仅仅是时势使然。也就是说，早在都雍城时代，就有秦国君主把这远大理想悄悄掩藏在黄土之下。但谁也不知道这套僭越礼制的椁具，究竟是这位秦公为了在死后一偿所愿，还是用以激励参加葬礼的后代奋起争雄。

在对大墓的清理过程中，考古队员发掘出了一个头骨，他的嘴大张，死前像是在声嘶力竭地呼喊着什么。距离头骨不远，人们又发现了一节折断的胳膊残骸，随后共清理出人骨遗骸20具。这20具神秘尸骸都无棺无椁，位置杂乱无章。这个豪华墓葬里，为何竟会埋葬这样一些人？这些尸骨，为什么有的身首异处，有的肢体残缺？

带着这些疑问，让考古人员想到了古代一种恐怖的丧葬制度——人殉。在奴隶制社会的观念下，国家的一切用物，包括人都是奴隶主的，如果主人死了，奴隶必然一同要死。另一方面，古代有视死如生的观念，就是人死了以后在阴间仍旧跟阳间是一样的生活环境，所以认为奴隶在阴间会继续追随他的主人。

秦公墓中发现的这20个殉人，是作为人牲的殉人，他们生前可能是战俘或者奴隶，大墓封埋时被砍杀用以祭祀，从如今留下的凌乱尸骨，可知当时的场景是何等残酷。这种残酷的殉葬制度，自殷商时期开始，以至秦以后都有存在。其中最为惨烈的就是人牲，而人牲主要出现的时代就在先秦。《诗经·黄鸟》就写了秦穆公时人殉的残忍，秦国勇士殉葬时"临其穴，惴惴其栗"。大墓中的这些人殉葬者，据称至今仍是周秦墓葬中发现殉人最多的。

不仅如此，进一步清理棺木时，还发现这些躺在棺木里的殉人，他们的下肢全部诡异地蜷曲着！春秋战国时期，秦人中盛行屈肢葬，即在人刚死之时，用布带将其下肢向上卷曲捆扎，然后入棺埋葬。这些殉葬者分为两类：箱殉者72具，匣殉者94具。箱殉较为豪华，集中分布于紧邻椁室的中心地带，木箱大而宽厚，殉人被绳索捆绑成蜷曲的姿势装入箱内。经后来的研究推测，他们可能是身份较高的姬妾、近承等人。身份较低者可能是奴隶，使用匣殉，分布在靠近墓室四壁的外围。装殓他们的木匣要小得多，用的也只是4厘米厚的薄材。奴隶社会的残暴在此一览无余，所幸的是，大秦王朝建立之后，残酷血腥的人殉制度，才逐渐被陶俑所替代。这种殉葬的方式，在规

△ 秦公一号大墓棺椁

模浩大的秦兵马俑中可见一斑。

如此大规模的人殉和随葬品，那么大墓的主人究竟是谁呢？大墓历经汉、唐、宋三代的大肆盗掘，大件铜器早被洗劫一空，椁室中装殓秦公的棺具也遭到严重破坏，墓主人的情况已无法确知。

"黄肠题凑"曾是周朝天子的丧葬规范。按照周礼，作为诸侯国的秦，即便是国君也无权享有这样的丧葬规范。那么，躺在"黄肠题凑"中的究竟是谁呢？这个疑问，也许只能等开棺之后看到墓主才会明白。但是，由于大墓数次被盗，当考古人员打开棺盖后，在其主棺内只发现了一段股骨，除此之外棺内空空如也。这个神秘的大墓，也许注定要留给后人一个不解之谜。

但是事态的转机往往在不经意间发生。在大墓底部，考古人员陆陆续续发现了很多石头的残片。在主棺棺顶上发现的石头残片，拼凑出一双长约一尺的石鞋底，石鞋底东西向放置，底下是鲜红的朱砂！这双石鞋的来历和用意是什么呢?

原来这双特制的石鞋是权力的象征,虽然当然墓主人可能已经看不见这东西了,但是这个实物在放在这里,是墓室曾经显赫的印证。对墓主身份的确定,石制鞋底并不能提供更多线索。紧接着,考古队员又清理出另外一些石头残片,发现他们是石磬,一种古代乐器,而且在石磬边缘竟然有铭文。"天子偃喜,龚桓是嗣,高阳有灵,四方以鼎"这十六个字为人们带来期盼已久的答案。这段铭文的大意是:天子举行宴飨,作磬者是共公、桓公的嗣子;因高阳氏(五帝中的颛顼,秦人之祖先)在天有灵,国内才四方升平。那么,据此推测,墓主人应该是秦共公、秦桓公的继承人——秦景公。

躺在"黄肠题凑"内这个巨大棺木里的墓主,身世终于被人们破解。景公是秦第13代统治者,始皇嬴政的第18代先祖,自公元前577年起在位40年。

发掘后的秦公一号大墓,占据了中国考古史上五个之最:是迄今中国发掘最大的先秦墓葬;墓内186具殉人是中国自西周以来发现殉人最多的墓葬;椁室的柏木"黄肠题凑"椁具,是中国迄今发掘周、秦时代最高等级的葬具;椁室两壁外侧的木碑是中国墓葬史上最早的墓碑实物;尤其是大墓中出土的石磬是中国发现最早刻有铭文的石磬,最珍贵的是石磬上的文字,多达180多个,字体为籀文,酷似"石鼓文"。

享有如此荣耀葬礼的秦景公统治秦国长达40年之久,是秦国都雍城期间在位时间最长的国君,也是有一位颇有作为的秦君。景公在位期间继承了穆公、桓公的执政方略,坚持东进,将秦国势力不断推向中原,并在与晋国及其盟国的多次交战中屡次取胜,使得秦国继续日渐强盛。这个宏伟的陵墓不仅见证了秦国当时的强大国力,也说明了秦景公在秦国历史上的昭著地位。大墓内"黄肠题凑"的僭越必然是建立在一定经济、政治和军事基础之上的,而东周王室的日益衰败也在另一侧面不言而喻。

尽管在发掘过程中,秦公大墓发现盗洞多达247个,证明不少金银珠宝、青铜鼎彝被盗墓者窃取,但陆续发掘出的200多件文物,仍为不可多得的珍宝。一个灿烂发光的金"扣子",虽然形体不到2厘米,却运用浮雕、透雕等复杂工艺,雕镂着多组错落有致、富于立体感的精美花纹,花纹中还镶

△ 秦公一号大墓出土的文物

嵌着许多墨绿色的"宝石"，好像含苞欲放的花朵。多种玉质佩饰，有的玲珑剔透，有的古朴典雅，有的色泽夺目，有的清白无瑕，特别是一件像盒式录音磁带大小的玉佩石，通体透明如水，设计奇特之绝，花纹精美之难喻，刻技之巧夺天工，令人惊叹；刀法简洁的黛青色扁状马头玉雕，炯目、竖耳、长颈，酷似秦俑坑马俑的造型，形之有情，活灵活现，使人仿佛看到秦人千里作战、骏马嘶鸣的情景。这些精美的随葬品秦景公在世也许就曾享用过，在他死后，仍然陪伴他，这又一次说明了古人视死如生的观念。

　　大墓附属坑距离地面10米左右，在这里考古人员发现了车马器和装饰用的玉器碎片，并且发现了大量的马骨，有的保存完整，能清晰地看出是两匹马拉一辆车的（遗骸），这样的马车一共有五组。

　　由于第3组残存较少，在清理时，发现了车马器下还有人骨。其他几组依然保持着最初的样子。车马器、马骨，这些完整的信息，都说明了这座墓葬有可能是一座陪葬坑。这个墓葬里的车"有车无轮"，只具有象征意义，这种情况和秦代"视死如生"的殉葬制度有所冲突。加上不断出土了大量羊骨、牛骨，以及鸟骨等古代祭祀用品，于据此推断，这是一处祭祀坑。

　　以前对秦公一号大墓以及其他秦代王陵周边地带的发掘，都只发现陪葬坑，而这种在陵墓西南侧发现祭祀坑还是第一次。

6000年前的小孩瓮棺葬之谜

6000年前，中华大地已经不再是一派太古蛮荒，告别了茹毛饮血的人类步入了母系氏族的繁荣时期，在黄河流域出现了上千座仰韶文化的原始村落，位于西安东郊的半坡遗址就是仰韶文化的一个典型代表。这是一个由女人们当家做主的村落，村落的形状接近一个圆圈，围绕村落的是一条宽宽的防御沟，在防御沟的旁边是公共墓地，村里的成年人死后，都被埋在公共墓地里。让人感到奇怪的是在居住区的窝棚附近，常可以发现一些大的陶瓮，有的还是两个大瓮互相套叠，瓮口覆盖着一个陶盆或陶钵，陶盆底部往往有一个小孔，这就是仰韶文化中特有的一种丧葬——小孩瓮棺葬。

为什么不把小孩埋入公共墓地呢？许多学者进行了许多推测：有人认为可能是当时的人们认为这些未成年而夭折的孩子还不能算部落的正式成员，所以死后也不能像氏族成员那样葬入氏族公共墓地；还有人认为，这是受生活感情和来世生活观念双重意义所支配的。当时是母系社会，母亲不

△ 瓮棺

忍割舍孩子而葬其在身边，或是期望孩子的灵魂经常和亲人在一起，这一现象深刻地体现了母爱精神。当时的人们不仅认为人是有灵魂的，而且认定肉体是受灵魂作用的，即人死了只是肉体暂时失去了活动能力，而灵魂却照样活着。当时人们认为坟墓是死者的灵魂暂时停留或休息的地方，所以要极力

△ 半坡遗址

保护尸体，盆或钵中央小孔就是供灵魂归来时出入，以便孩子复苏而再世。对较大的孩子还有用两个大陶瓮对起来埋葬的。

　　不独如此，在瓮棺上面覆盖的陶盆或陶钵里侧的壁上，还有神秘的"人面鱼纹"，为什么要用这样神秘图案陪伴孩子的灵魂呢？有专家认为它是部落的图腾，是守护神，也是祖先。善于制陶、善于绘画的母亲把族徽精心地画在陶盆里，然后覆扣在孩子的瓮棺上，是为了让孩子不要忘了自己的氏族。人活着的时候不能离开氏族的保护，人死了以后灵魂同样也离不开氏族。成年人的灵魂熟悉部落的一切，因此不必担心灵魂迷失；而夭折了的小孩的灵魂从瓮棺里游走后，如果没有氏族部落守护神的保护和引导，就会迷失方向，遇到危险。这些"人面鱼纹"神秘而意味深刻，它呈圆形构图，由人面和鱼组合而成。这个人有一对眯着的眼睛和直立的鼻子，笑哈哈的大嘴两边含着两条鱼，双耳和高耸的发髻也分别用鱼代替。

　　仰韶文化的半坡居民是一个崇拜鱼的民族。曾有学者考证：在殷、周之际的铜器铭识中有很多"鱼族徽识"，这些鱼族部落是盘踞在东方也就是后来鲁国一带的强盛民族，他们的祖先很可能就是仰韶文化后期氏族分流时，从关西迁徙至东部的白狄族分支。有人甚至认定仰韶文化姜寨遗址出土的画着一种生有四脚的鲵鱼和鱼的陶盆，是氏族分流时姜姓和姬姓——华夏民族最古老的两大姓氏联盟时作为盟誓的一种礼器，或者是血盟时饮酒的器皿。当然也有学者认为这种"人面鱼纹"不是氏族部落的图腾，它是当时文身鲸面习俗的记录；或是当时普遍流行的一种神话传说；是渔猎巫术仪式的表现，反映了人们的丰收企望；或是具有"生殖繁盛"的祝福意义，甚至还有人认为它与天外来客有关呢！

　　为了让死者游走的灵魂能顺利回到氏族部落，仰韶文化的居民不仅在死者灵魂出入的陶钵或陶盆内壁画上氏族的族徽，也把族徽或氏族的图腾直接画在装尸体的陶瓮上。如在河南汝州阎村发现了距今15000年前的仰韶文化遗址，遗址中出土了一个装尸体的陶缸，高47厘米，在陶缸的腹部绘有彩色的"鹳鱼石斧图"一幅。一只肥硕的鹳鸟，全身灰白、长嘴短尾、延颈直立、口衔一尾大鱼；旁边有一个直立的带柄石斧。专家们认为，鹳鸟可能是死者所在氏族所崇拜的图腾。原始人往往把自己所崇拜的图腾形象刻画在特殊的地方或工具上，作为氏族的标志或名称，以便经常对之顶礼膜拜。他们认为，这样死者的灵魂就会很顺利地回到自己的部落。

西汉茂陵之谜

在我国古代社会发展进程中，西汉是强盛的一代，而汉武帝在位五十余年更使它登上了鼎盛高峰。汉武帝在政治、经济、文化、军事等方面均有建树，功不可没，充分展示了他勇于开拓、奋发进取的雄才大略，因此受到了历代史学家对他的充分认可和赞叹。

汉代史学家班固在《汉书》中称赞他："后嗣得遵洪业，而有三代之风。如武帝之雄才大略，不改文、景之恭俭，以济斯民，虽《诗》、《书》所称何有加焉。"清人赵翼在书中说："武帝驾远驭……史称雄才大略，固不虚也。"

这位光耀千古的帝王死后葬于五陵原上的茂陵，巍峨的陵墓不知埋葬了多少风云变幻的故事。

一、帝陵的宝藏之谜

茂陵位于陕西省兴平县东15千米，北有险峻挺拔的九嵕山，南眺巍峨绵延的秦岭山脉。汉武帝刘彻自即位之初就开始为自己营建陵寝，持续时间长达53年。建成之后的茂陵规模之大、建筑之豪华、随葬品之丰富都远超西汉诸陵。

茂陵陵园呈长方形，南北长440米，东西宽430米，由内外两城组成，城门处修建有标志等级的高大门阙，内城的门阙至今仍清晰可见。居于陵园正中的是高大的封土丘，其形状为覆斗形，高40余米，底部周长近千米。封土之上遍植苍松翠柏，郁郁葱葱。在封土四周出土了大量建造宫殿所使用的建筑材料，这说明茂陵曾经建有规模宏大的各式宫殿，以供武帝的灵魂"休憩"或进行各种祭祀活动。文献记载，当年侍奉武帝陵寝的人数超过5000人，他们每日照例为武帝的灵魂准备衣着饮食，"事死如事生"。

△ 茂陵是汉武帝刘彻的陵墓

　　武帝生性好大喜功，对待自己的陵寝更是力求宏大完美。虽然我们至今还没有能够打开他的地宫一探究竟，但通过文献的记载，我们仍然能够想象出这座地下皇宫的辉煌。陵寝中使用了柏木制成的"黄肠题凑"建筑墓室，墓外置流沙以防潮，置弓弩以防盗。墓室之中放置着武帝的灵柩。天子的棺椁被尊称为"梓宫"，据说棺椁相套多达七重。《西京杂记》记载武帝下葬时也穿着了金缕玉衣，而且这件玉衣上"镂以蛟龙弯凤龟麟之象"，比现在发现的诸侯王所使用的金缕玉衣更加华美精致。

　　在棺椁之间以及墓室之内摆放着为武帝随葬的宝物。据史料记载，汉武帝每年要将天下赋税的1/3用来修建茂陵以及准备陪葬所用的无数珠宝珍玩。这一过程一直持续了50多年，以至于下葬时地宫中已经完全塞满了各式的珍奇异宝，"不复容物"。

　　茂陵宝藏的传说不仅引发后人的无尽遐想，也招来了众多盗墓贼的觊觎。有文献记载，仅仅在汉武帝下葬4年后，地宫中的珍宝就已散落民间，一商人在陕西扶风购得1只玉箱与1柄玉杖，被人认出正是武帝陪葬的宝物，于是告到了官府。而到了西汉末年赤眉军占领长安之后，则对茂陵展开了大规模的盗挖。但即使这样也没能够完全取尽地宫中的财宝，到了唐朝末年黄巢起义时，农民军再次打开了茂陵，又得到了大量的金玉珠宝。一次次劫难之下，茂陵的宝藏终被洗劫一空，只能成为一个永远的传说。

不过，通过考古工作，人们在茂陵附近发现了一些可能正是从地宫中流出的珍宝。1981年出土于西吴乡再马村的鎏金马，高62厘米，长76厘米，铜铸鎏金而成。马匹呈直立姿态，昂首翘尾，体形丰满矫健，全身比例匀称，有一跃千里之势。它应当就是文献中记载的"金马"，是仿照汗血宝马制作而用来相马的宝物。此外还有鎏金虎镇、错金银铜犀尊、白玉猪等，无不精美绝伦，巧夺天工。

二、守卫帝陵的将军传奇

汉武帝通过南征北战开创一代盛世，离不开众多名臣良将的辅佐。作为褒奖，他们中的一些人被授予殊荣获准埋葬在武帝的陵旁，永远守卫着自己的帝王。考古工作者们在茂陵以东的陪葬墓区内发现了卫青、霍去病、霍光、金日磾等人的墓葬，这些部是历史上赫赫有名的人物。

在众多陪葬墓中，最高大豪华的要数霍去病。霍去病是汉武帝时一位杰出的青年军事将领，他怀着"匈奴未灭，何以为家"的豪情壮志，6次率军征战匈奴，杀敌俘虏无数，勇立战功卓著，被武帝亲封为"冠军侯"。可惜天妒英才，这位才华横溢的将领在24岁时就英年早逝。武帝非常惋惜，命令将他葬在茂陵旁，并为他建起一座形如祁连山的坟茔，以表彰他的卓越功绩。

霍去病墓位于茂陵东侧约1000米处，封土南北长约100米，东西宽近60米，高18米，仿照山势而建，封土上怪石嶙峋，苍松翠柏交相掩映。墓前有清乾隆年间陕西巡抚所立石碑，上书"汉骠骑将军大司马冠军侯霍公去病墓"。

霍去病墓前曾经矗立着许多石人、石兽的雕像，现在还可见10尊，都是用巨石雕刻而成，造型古朴浑厚，气势不凡。在石像群中，几匹矫健雄壮的骏马尤其醒目，它们足将军戎马生涯的最好见证，其中最为著名的要数"马踏匈奴"石像。"马踏匈奴"像在墓前的石像群中居于主体位置，石马四蹄之间紧夹着一个仰面朝天、面容惊恐的匈奴武士，战马的昂扬斗志与武士的痛苦绝望形成鲜明对比。"马踏匈奴"石像是对霍去病一生功绩的高度概括与褒扬。

△ 霍去病墓

紧邻霍去病墓的还有武帝时期另一位著名将军的坟莹，他就是霍去病的舅舅大将军卫青。卫青出身卑贱，曾是平阳公主家中的骑奴，后来他的姐姐卫子夫被汉武帝纳入后宫，他也得到了施展自己才华抱负的机会。从元光六年起，武帝命卫青领兵征伐匈奴，前后进行了7次，取得了辉煌的胜利，不但多次击退匈奴对边境的侵略，而且还曾领兵穿过大漠，大败匈奴主力，迫使匈奴单于逃亡西北，出现了"漠南无王庭"的局面，基本解除了匈奴对汉的威胁。为表彰他的战功，武帝加封他为"长平侯"，允许他葬在茂陵旁为自己陪葬，而且下令为他修建了形似庐山（匈奴境内）的高大坟冢。卫青墓前也有清乾隆年间陕西巡抚所立的石碑，碑文为"汉大将军大司马长平侯卫公青墓"。

除了陵园与陪葬墓外，陵园旁边还曾建有规模庞大的陵城，它也是汉武帝茂陵的重要组成部分。西汉的帝陵建设中有一项独特的习俗，就是在每座帝王陵寝的旁边相应建筑一座城市——陵邑，而在众多陵邑中，又以武帝的茂陵邑规模最大，人口最多。

《汉书·地理志》记载茂陵邑有人口"户六万一千八十七，口二十七万七千二百七十七"，这甚至可能超过都城长安，位居当时"五陵"（两汉长安城外5个皇帝陵墓所在地，分别为高祖的长陵，惠帝的安陵，景帝

△ 站在霍去病墓上看卫青墓

的阳陵，武帝的茂陵，昭帝的平陵）之冠，各地的达官显贵们都以能够移居茂陵邑为荣，董仲舒、司马迁、司马相如等人都曾迁居至此。茂陵邑内曾经是车辚辚，马啸啸，商贾繁荣，百业兴旺的一派繁华盛景。

如今，这座规模最为宏大的陵邑仿佛消逝在时间的长河中，没有留下一点痕迹。茂陵邑究竟在何处？

带着这个疑问，2003年6月，一群考古人再次来到茂陵周围找寻陵邑的踪迹。经过用探铲大面积地钻探，他们在茂陵东北部发现了大量汉代的房址、建筑材料以及陶器残片等，此处应该曾有一处大型的汉代聚落，那它是不是茂陵邑呢？汉代各陵城都筑有城墙，要想确定它是不是陵城也要寻找城墙的遗迹。于是考古队员们开始向四周寻找城墙，结果出乎大家的意料，在聚落旁边并没有城墙的痕迹，但是却发现一道宽4米、深2米的壕沟环绕在聚落周围。以此为线索，一处以沟渠环绕、曲尺形、面积达553万多平方米的汉代建筑遗址群逐渐明确。这可能就是传说中的茂陵邑，原来它没有修建城墙，而是以壕沟作为城市的边界，难怪一直扑朔迷离踪迹难寻。随着今后发掘工作的展开，也许终有一天能揭开它的所有秘密。

"茂陵烟雨埋冠剑，石马无声蔓草寒。"今天的茂陵虽然已经不复当年的辉煌华丽，但是蔓草荒芜之间仍旧回响着2000多年前那些风云变幻的故事，茂陵也成为记载西汉盛世的一座不朽丰碑。

武则天墓之谜

在位于西安西北方向的梁山主峰下，埋着唐高宗李治和女皇武则天。一对夫妇，两朝皇帝，合葬一室，1000多年过去了，原封未动，这在全世界都是极其稀罕的。而武则天身为中国历史上唯一的女皇帝，早已名扬天下，妇孺皆知。然而，武则天为何要为自己竖一块"无字碑"？至今仍然是个谜。

一、乳山选陵传说

乾陵是唐高宗李治和女皇帝武则天的合葬墓陵，墓以山为陵，气势雄伟壮观，海拔1047.9米，梁山有三峰，北峰最高，南二峰较低，东西对峙，人称乳山。唐王朝的一代女皇武则天与高宗皇帝便合葬在这里。

相传唐高宗李治为了给自己和皇后武则天选一处夫妻合葬的"万年寿域"，便下旨派出第一批钦天监官，前往各地寻找风水宝地，结果几个月之后还没有归来的消息，于是就又派出了第二批钦天监官。临行前，武则天将自己的一只发簪交给钦天监官员，如果找到风水宝地可以以此簪标记。

第一批钦天监官员由长安出发，一路南行，穿越苏杭。虽说沿途风光宜人，但有关风水宝地却一无头绪。于是又折返云南，走大理，穿过蜀山，翻越秦岭，到了陕西境内。一日行至关中，突降暴雨，一个监官进民宅避雨，雷雨过后空气非常清新，远处的山峦尽收眼底。钦天监长官抬头之际，发现远远有两座山，紧紧相依，犹如女子的乳峰，扫视周围，更是觉得龙盘虎势。钦天监长官精神为之一振，真是"踏破铁鞋无觅处，得来全不费工夫"，于是率领一众随行向远山进发。

经过打听之下，发现此山没有名称，便取名为乳山。这座石山生得好生怪异，从乾陵东边西望，恰似一位女子横过在蓝天白云之下，北峰为头，南二峰为胸；细看之下，不但五官具备，更是七窍齐全；当时唐朝的堪舆家

△ 乾陵唐高宗李治和女皇武则天的合葬陵

（风水先生）就认为，梁山有利于女主。

钦天监长官看到这里，惊喜不已。他步上山来，以身影取子午，以碎石摆八卦，找准了方位，把随身带的一枚铜钱，埋于浮土之下。

当第二批钦天监官员，由长安出发，沿渭河一路往西途经咸阳，至武功县境内时，天降暴雨。雷雨过后远山依稀看见，北方两座乳山毅然挺立。钦天监长官觉得简直就是不可思议，想不到自己刚出京城就能得遇风水宝地，兴奋地向乳山进发。登上乳山，钦天监官员及其随众简直惊呆了，"头枕梁山，脚踏渭河"，真可谓是平生难见的风水宝地。于是开乾坤、度日月，按方位扎下武氏发簪，回去复命。

两批钦天官员先后回到长安，向高宗皇帝复命，均称在武功以北发现风水宝地，于是命老臣长孙无忌复查。长孙无忌到了乳山之后，也是对这里的风水大加赞叹。当查到二位钦天监官员做的标记时，更是惊得半天说不出话。原来第二位钦天监官员拿的武氏的簪子，不偏不斜，正好穿过那枚铜钱。赶回长安向高宗皇帝报告，高宗皇帝率领群臣来到乳山，陵址就定在此处，但群臣却为如何命名争论不休，长孙无忌奏曰："梁山位于长安西北，在八卦中属乾位，乾为阳，为天，为帝。长安是陛下今世帝都，梁山自然为陛下万年寿域的天堂帝都，人间、天堂，天地合一，乾坤相合，主定陛下永世为帝王。依臣之见，就定名为乾陵吧！"高宗闻听十分高兴，遂定名为乾陵。

二、未开掘的"处女地"

乾陵，在这个素有考古界"三峡工程"之称的古墓，曾因规模宏大，奇珍异宝著称于世1000多年了，多少人打它的主意，可终因石固墓坚无法撼动。

乾陵依山为陵，是在海拔1000多米的梁山半山腰打洞开凿的墓穴，山上都是坚硬盼青石，盗这种石头墓非常难。即使按照现在的盗墓技术，打开墓穴至少要1～2个月的时间。对于盗墓者来说，时间太长了，还没打开盗洞，可能就被逮住了。尽管如此，在过去的1200多年间，垂涎它的盗墓者从未断绝过。历史上有名有姓的盗掘乾陵者，就有17次之多，但最终都因各种原因无功而返。

20世纪60年代专家曾勘探过乾陵，发现墓道完整，而弃墓道、在青石上打洞入地宫，难度很大，目前尚未发现盗洞。根据现存的文献记载和考古资料，乾陵可能是目前唯一未被盗掘的唐代帝王陵墓。乾陵从墓道口到墓门长631米，宽3.9米，共39层，全用石条填砌，各层石条再用铁栓板固定，并灌注了铁汁。这些情况与文献所载一致，由此完全可以确信此墓确实难以开掘。

只因尘封了千年，这个"保存最完好"的王陵更加让人向往。武则天是才气横溢的一代才女，可流传至今的《全唐诗》中，只收了她很少一部分诗作。武则天那么多失传佳作去了哪里？是否就葬在陵中？这实在是弥天之谜。可能有武则天的《垂拱集》百卷和《金轮集》十卷，也可能有武后的画像、上官婉儿等人的手迹等石破天惊的奇珍。还可能有相传李世民死后脑袋要枕在《兰亭序》，因为温韬盗了李世民的墓后写的宝物清单上并没有它，乾陵一带的民间传闻中，早就有《兰亭序》陪葬武则天一说。

目前，可以肯定的是已知的藏宝已经让人咂舌。两个皇帝都处在唐朝的全盛时期，墓内陪葬品自然极具价值。陪葬品中应该有大量的金银玉器、唐三彩器皿，可能还会有丝绸、典籍和字画。因为太宗昭陵被盗时就有大量字画，而高宗也酷爱字画，传说他的遗言就是把生前所喜爱的字画埋进墓内。

乾陵修建于684年，历经23年的时间基本完工。705年，武则天病逝于洛阳上阳宫，临终遗嘱去皇帝尊号，"遗制庙，归陵"。但后人围绕她与高宗李治合葬乾陵的问题展开了争论，最后，由于武则天毕竟是唐中宗的母亲，中宗以"准遗诏以葬之"为由，在706年重启乾陵墓道，将武则天与高宗合葬于乾陵。

三、令盗掘者"望墓兴叹"的乾陵

乾陵被冷兵器时代的刀剑劈过，被热兵器时代的机枪、大炮轰过。1300多年之中，有名有姓的盗陵者就有17人之多。然而时至今日，汉武帝的茂陵被搬空了，唐太宗的昭陵被扫荡了，康熙大帝连骨头都凑不齐了，为什么单单武则天的乾陵可以独善其身？

这事要从乾陵的修建说起。乾陵修建的时候，正值盛唐，国力充盈，陵园规模宏大，建筑雄伟富丽，堪称"历代诸皇陵之冠"。唐初，太宗李世民汲取从古至今没有不亡之国亦无不掘之墓的历史教训，从他与长孙皇后的昭陵起，开创了"因山为陵"的葬制，由当时著名的艺术大师阎立德、阎立本兄弟主持设计，陵墓由建筑群与雕刻群相结合，参差布置于有"龙盘凤翥"之势的山峦之上。唐高宗与武则天的乾陵，不但发展、完善了昭陵的形制，陵园还仿唐都长安城的格局营建，分为皇城、宫城和外郭城，其南北主轴线长达4.9公里。在前后通道的两侧，又各有4间石洞，洞里装满了盛唐时最值钱的珍宝。在通向金刚墙的近百米过道两旁，摆满了各种金银祭器，可能还有最让世人感兴趣顶尖级国宝——《兰亭序》。

如此丰厚的宝藏使得乾陵吸引着职业盗墓者、封疆大吏、土匪、军阀，甚至是农民起义军，纷纷抄着铁锹、锄头前来刨上几下。从武则天躺进乾陵的一刻，梁山就没消停过。第一个光顾乾陵的是唐末造反大军领袖黄巢，他率领60万大军攻进长安后，就开始打起了乾陵的主意。对乾陵财宝早已垂涎三尺的黄巢调出40万士兵，跑到梁山西侧开始挖掘。由于这些人都是农民出身，对铁铲铁锹的运用熟练得很，很快就把半座梁山铲平了，以此留下了40米深的"黄巢沟"。但是，乾陵就像是根本没有入口一样。后来，唐朝军队集结向长安发起反攻，黄巢这才心不甘情不愿地空手而逃。这位自称是书生的唐朝叛将，他根本不知道乾陵是坐北朝南的。唐朝皇帝故意将修建产生的碎石埋在离墓道口300多米远的地方。所以，自以为是黄巢中计了，他挖错了方向。

向乾陵伸出罪恶之手的第二个人是五代的耀州节度使温韬，此人似乎生下来就是给李唐王朝的皇帝陵墓找麻烦的。在乾陵之前已经挖掘了17座唐皇陵，只剩下乾陵。和黄巢一样，他也兴动数万人马在光天化日之下挖掘乾陵，不料，三次上山均遭风雨大作，人马一撤，天气立即转晴。温韬实在想不明白这到底是怎么回事，遂此绝了念头，没有再继续挖下去，乾陵至此逃过第二劫。

最危险的是第三次，这次出动的不是40万大军，而是一个现代化整编师，盗墓的工具也不再是锄头、铁锹，而是开山劈石如切菜的机枪大炮。主谋就是民国时期的国民党将军孙连仲。他带领部下，学着孙殿英炸慈禧和乾隆墓的样子，在梁山上埋锅造饭安下营寨，用军事演习做幌子，黑色炸药炸开墓道三层竖立石条，正准备进入时，突然冒出一股浓烟，盘旋而上，成为龙卷风，顿时天昏地暗，飞沙走石，7个陕西籍士兵首当其冲，立即吐血身亡，其他人哪里还敢再向前，大喊着跑了出来，就这样，乾陵终于躲过最后一劫。此后，无人再敢打乾陵的主意，武则天和高宗皇帝也在难得的安宁中继续沉睡。

四、无字碑上的是非功过

而今仍然安然沉睡在乾陵的武则天，生于624年，父亲原是大木材商人，后随李渊起兵，到唐朝官至工部尚书，兼检校并越将军，武则天9岁时，父亲去世。14岁时，她因相貌出众，被唐太宗召入宫，命为才人，赐号武媚，人称媚娘。

武则天很早就表现出其刚毅果决的性格,当时唐太宗有一匹烈马叫狮子骢,性情暴躁,难以驯服,太宗向妃嫔们问:"谁能驯服它?"别的妃嫔躲得远远的,只有武则天大胆地对太宗说:"我能制伏它,但是需要铁鞭和匕首。先用铁鞭抽它,它不服的话,就用铁鞭击打它的头,还不服,就用匕首割断它的喉咙。"唐太宗听后惊异不已。

唐太宗皇帝死后,武则天按照当时皇家的礼制出家为尼,李治则继位成为唐高宗。武则天刚入皇宫时,李治便暗暗喜欢她,所以一直对武则天念念不忘,不久就将她接回皇宫,立为贵妃。然而武则天并不安于现状,一心想当上皇后,她想了一个狠毒的计策。当时,宫中王皇后正与萧淑妃争宠。武昭仪看准了风向,权衡了利害得失,先站在王皇后一边,共同诋毁萧淑妃,使其很快失宠被废为平民。转手,武则天又运用权谋,终于促使高宗废掉王皇后,改立她为皇后。

围绕皇后的废立问题,曾在宫中展开了一场惊心动魄的斗争。太尉长孙无忌、宰相褚遂良等元老们认为,武则天出身低微,又曾服侍过先帝太宗,现立为皇后,不成体统,将会以恶名留世。支持武则天的朝臣李义府、许敬宗等人,想借此机会邀功,则积极支持武则天为皇后,他们说:"田舍翁多收了十几石麦子,还想换个婆娘,何况天子呢?"最后,在这关键时刻,起重大作用的还是拥有军权的开国元勋李勣,他明知更换皇后是高宗的主意,却推说这是皇帝家中事,不必征求臣下的意见。由于李勣的支持,高宗终于不顾贵族的反对而决定废立。武则天32岁那年,终于以皇后的显贵身份进入最高统治集团。

武则天夺取皇后的地位以后,开始参政处理国家大事。由于武则天既有才华又有谋略,很快,唐高宗李治就把朝政大事都交给武则天处理,武则天和唐高宗一起被朝臣称为"二圣"。

唐高宗死后,武则天专揽朝政,先后废掉唐朝两个皇帝,并且在67岁的时候,将国号由唐改为周,正式登上皇帝宝座,成为中国历史上即位时年龄最大的帝王,也是绝无仅有的女皇帝。

武则天当政后,曾一度培养酷吏,铲除异己,诛杀唐朝的宗室贵族,其至对自己亲生的儿子、唐朝皇位的继承者也毫不留情。另一方面，武则天又奖励农耕、广兴科举、重用人才，管束亲近者。684年，被武则天贬黜的徐敬业等人以中宗被废为借口，从扬州起兵，旬日间聚众达10万人。著名文人骆宾王配合徐敬业写了言词激烈的讨武氏檄文。当武则天看到文章时就问："这是谁写的呀？"大臣回答说："是骆宾王写的。"武则天说："这就是宰相的过错了，这么好的一个人才，怎么能让他流落在民间呢？"武则天立刻派大将率领30万军

△ 无字碑

队，前后不到50天，迅速讨平了徐敬业的10万大军，并处死了裴炎等人。

武则天当女皇历时15年，实际执政达半个世纪，在她的治理下，中国国力强盛、社会安定、人户繁衍，并数次击退外敌入侵，使盛唐时期的繁荣继续发展，算得上是一位英明有作为的君主。

82岁时，武则天离开人世，与丈夫唐高宗合葬在乾陵，并在陵前树立了一块无字碑。无字碑通身取材于一块完整的巨石，高近8米，宽有2米，碑身雕刻精美，但是却无一字碑文，因而闻名天下。后世对武则天陵墓立碑却不着一字，众说纷纭。有人认为，武则天立无字碑是为了夸耀，表示自己的功绩不能用文字表达；又有人认为，武则天颠覆了中国传统的男权制度，自知罪孽太大，无颜为自己立传；还有人认为武则天觉得死后与唐高宗合葬，在称呼上不知该用"李唐皇后"还是"武周皇帝"，因此以无字碑来回避。而更多人倾向于，武则天立无字碑是聪明之举，她知道将来人们对她会有各种各样的评价，碑文无法概括自己一生所为，因此干脆立碑无字，功过是非由后人评说。

千古贵妃墓的传说

　　杨贵妃墓位于陕西省兴平县马嵬镇（历史上的马嵬坡）西0.5千米处，紧靠西（安）宝（鸡）公路，距兴平县城12.5千米。

　　杨贵妃，字玉环，蒲州永乐人。幼时死了父亲，寄养于叔父家。她擅长歌舞，通晓音律，长得美艳绝伦。开元二十二年，嫁给唐玄宗李隆基的儿子寿王李瑁。唐玄宗为她的聪明和美色所倾倒，开元二十八年，叫高力士把她接入后宫，当了女道士，取道号为太真，实际上已把她占为己有，过着"春宵苦短日高起，从此君王不早朝"的糜烂生活。

　　天宝四年，她被册封为贵妃。她的三个姐姐，被分别封为韩国夫人、虢国夫人和秦国夫人，月给钱10万，为脂粉之资。他的堂兄杨国忠被任命为宰相，杨氏一门，一时间势倾天下，权倾天下。每年十月，杨家兄妹扈从明皇游华清宫，各家自成一队，着各色服装，五彩缤纷，灿若百花。珠宝饰物，遗落满地，其豪奢如此。

　　杨贵妃的墓是一个比较小的陵园。大门顶额横书"唐杨氏贵妃之墓"7字。进门正面是一座三间仿古式献殿，穿过献殿便为墓冢，高约3米，封土周围砌以青砖。

　　1985年以来，当地政府对贵妃墓进行修葺，新修了围墙、碑廊、献殿、亭子。特别是在墓园后面增设了一座6米高的杨贵妃大理石雕像，现成为人们来此旅游留影的最佳之地。

　　碑廊嵌有大小不等的石碑数块，刻有历代名人来此的题咏。晚唐诗人罗隐路经马嵬坡作诗曰："马嵬杨柳绿依依，又见鸾舆幸蜀归。泉下阿环应有语，这回休更罪杨妃。"鸦片战争后被谪戍伊犁的林则徐，路经陕西曾题太真墓诗："六军何事驻征骖，妾为君王死亦甘。抛得蛾眉安将士，人间从此重生男。"

前来杨贵妃墓游玩的游人，有的把精美的门票揣在身上，似乎纸片上还留有余香；有的争相购买《贵妃出浴图》，想带回去仔细欣赏这位美人的风采，还有的用手帕包下一撮泥土，珍藏起来。据说，由于杨贵妃长得十分白皙，竟把墓地附近的土地也染白了。当地百姓称白土为"贵妃粉"，相传用来洗脸，能使皮肤增白，面上黑斑粉到即除。

在熙熙攘攘的游人里，还有不少海外来客，其中日本人为数最多。香魂归何处，天下竟有两座贵妃墓，其中日本就有一座，所以他们特地来看个究竟。

身不可一分为二，人不能死而复生，两座杨贵妃墓各有来历，包含了两个内容不同的传奇故事。

755年，安史之乱爆发。第二年6月，叛军攻破洛阳，直逼长安，唐玄宗带着杨贵妃一家仓皇西逃。途经马嵬坡，士兵们不肯再前进，要求杀掉杨贵妃的哥哥奸相杨国忠。不等唐玄宗下令，大家一哄而上，把杨国忠砍成肉泥。杀了之后，将士仍不肯离去，唐玄宗只好亲自出来慰劳军队。龙武大将军陈玄礼说："杨国忠谋反，贵妃不宜再侍奉皇上，请陛下割爱正法。"玄宗说："贵妃住在深宫，怎么会知道杨国忠的造反阴谋？"这时，唐玄宗的心腹太监高力士插话说："贵妃是没有罪，但贵妃是杨国忠的妹妹，常在皇上身边，将士怎能放心？望皇上考虑，只有将士放心了，皇上才能安全。"玄宗无可奈何，只好将杨贵妃"赐死"。高力士奉命把贵妃带到佛堂的梨树下，用丝带将她缢死，时年贵妃38岁。陈玄礼及众将检验过尸体之后，军士们才重新整队出发。唐代诗人白居易的不朽长诗《长恨歌》记其事："九重城阙烟尘生，千乘万骑西南行。翠花摇摇行复止，西出都门百余里。六军不发无奈何，婉转峨眉马前死。"

杨贵妃死后，就地加以掩埋，马嵬坡就成了她的墓地。据说，杨贵妃缢死时掉下一只靴子，马嵬驿的一个驿卒拾到后，带回家交给母亲保存，引得周围村落的人都前来观看。过客每借看一次，就要收取百钱。尽管如此，看的人依然络绎不绝。后来，唐军收复长安，唐玄宗返回宫中，听到这个消

△ 马嵬坡杨贵妃墓

息，就叫人以高价买下靴子，仍然埋在这座贵妃墓中。

黄海彼岸的日本贵妃墓，同样也有着充满神奇色彩的故事。

1963年，一位日本少女在电视台展示了她的家谱和古代文献言之凿凿地称她为杨贵妃在日本的后裔，在日本引起了一阵小小的轰动。

日本史学家邦光史郎的《日本史趣事集》、渡边龙美的《杨贵妃复活秘史》以及我国《文化译丛》上刊载的译自日本的《中国传来的故事》，都讲述了一个未死的杨贵妃的故事。

据说，杨贵妃在马嵬坡并没有被缢死，而是由陈玄礼、高力士策划，用一个宫女做替身死去，然后叫人护送贵妃南逃。当时中国同日本有海上交往，他们大约在现在的上海一带乘船出海，经过艰险的漂泊，终于在日本久津半岛的唐渡口登陆，定居在油谷汀。由于长期颠沛流离，贵妃身染重病，不久就死去了，当地人对她深表同情，把她安葬在那里。

　　杨贵妃墓坐落在风景秀丽的油谷汀，背倚微微起伏的山冈，面临平阔壮观的大海，墓基是一块由乱石组成的面积有几十平方米的平台，台上有五座石塔，主塔高153厘米，日本人称它为"五轮"，相传，杨贵妃就安眠在五轮塔下。

　　白居易诗说："忽闻海上有仙山，山在虚无缥缈间。"在日本人看来，这海上仙山当然就是日本。

　　后来，唐玄宗终于知道了杨贵妃客死东瀛的消息，悲痛欲绝，为了给贵妃祈福，他派白马将军陈安带来了两尊佛像——释迦如来和阿弥陀如来，准备安置在杨贵妃归宿之地。陈安将军踏遍了日本大小列岛，没有找到这个地方，只好把这两尊佛像暂时安放在京都清凉寺之后回国。

　　后来，日本当局发现了杨贵妃墓地，要清凉寺交出佛像，清凉寺则认为佛像在清凉寺安置已久，评价甚高，名声日大，不愿意将佛像交出。作为一种变通的办法，他们请当日最负盛名的工匠，照原像制作两尊，把四尊佛按新旧搭配，留二尊在清凉寺，另二尊在贵妃墓地建二尊院安置。

　　如今，二尊院的两尊佛像被指定为日本国家重点保护文物，油谷汀的二尊院墓地和五轮塔，则是山口县级指定有形文物。据说：贵妃墓前香火不断，人们认为：朝拜杨贵妃墓，可以生得漂亮可爱的儿女。

　　杨贵妃生前喜欢吃的山东肥城桃，已被日本大津郡引种、栽种，被称为"杨贵妃桃"。

　　想杨玉环本是个普通的女子，只是因为天生丽质和聪颖柔顺，一见夺于前夫，二见杀于后夫，中间虽是过了十几年尊宠荣贵的日子，但与政治是毫不相干的。她只是一只温驯的替罪羊而已。1000年过去了，杨贵妃之死引起的嗟、怨、赞、叹，也早已成了历史陈迹。至于她同唐玄宗是生离，还是死别，将是一个永恒的谜团了。

秦始皇陵墓探秘

公元前221年，秦王嬴政并吞六国，一统海内，成为华夏大地的第一位皇帝。他死后的第二年，属于他的巨大陵墓才最终完工。这年底，即位的皇帝胡亥杀掉了所有修陵的工匠。于是，关于始皇帝的陵墓，只剩下了传说。几千年过去了，秦陵那座高大如山的封冢仍然屹立于骊山脚下，当年那长达10千米的内外夯土城垣早已残缺不全。现在能看到的只有内城西墙残存的一段城墙。那一座座宏伟的地面建筑早在2000多年前就遭到项羽的焚烧，留下残存的废墟。当下河大队西杨村生产队的几位农民一镢头惊醒了沉睡的兵马俑时，从此，撩起了秦陵神秘面纱的一角。

一、幽幽地宫深几许

公元前259年农历正月，一个普通的男婴在赵国邯郸降生了。谁也不曾想到，这个普通的男婴会成为中国历史上第一个统一中国的创立者。在西方人眼里他是中国的拿破仑。他13岁就继承了秦国国君的王位，22岁在故都雍城举行了成人加冕仪式，从此正式登基亲理朝政，开始了他一生轰轰烈烈的政治生涯。39岁时兼并了最后一个诸侯国，俘虏了齐王建，完成统一中国的大业。接着他又不失时机地制定和颁布了一系列有利于国家统一的法令和措施，逐步建立和完善了中国历史上第一个统一的政权。50岁病死在出巡途中"沙丘平台"（今河北巨鹿县境），结束了短暂的一生。

家喻户晓的秦始皇，因完成统一大业而名垂千古，但也因实施暴政遭千古骂名。秦王朝只存在了短短的15年，他的万世皇帝梦就破灭了。然而他创立的皇帝制度、皇帝意识影响了中国几千年。不仅始皇帝的身世、生平、功过引人注目，连坐落在骊山脚下的始皇陵也因众多未解谜团而备受关注。

秦始皇的陵墓坐落在骊山脚下的小山包上，山包下便是那幽深而神秘的

△ 秦始皇陵

地宫。封土北侧有寝殿礼仪建筑群、侍官建筑群，封土外有两道长10千米的内外城垣，封土周围及东、西、南、北侧分布着数百座地下陪葬坑，秦始皇陵园封土、地宫、内外城垣形制及其礼仪建筑和布局都不同于先秦任何一座国君陵园。这座帝陵陵寝规模恢弘、设计奇特。陵园工程之大、用工人数之多、持续时间之久可谓前所未有。

始皇陵是一座充满了神奇色彩的地下"王国"。那幽深的地宫更是谜团重重，地宫形制及内部结构至今尚无法完全弄清楚，千百年来引发了多少文人墨客的无限猜测与遐想。地宫是什么样的结构？地宫内藏匿了多少奇器珍宝？地宫内有没有防盗机关？地宫挖了多深？始皇帝是铜棺石椁还是木棺木椁？始皇帝的尸骨是否完好无损？……这一系列的悬念无不困扰着后人。

神秘莫测的秦陵地宫在司马迁笔下仅留下极为简略的记载："穿三泉，下铜而致椁，宫观、百官、奇器珍怪徙藏满之。令匠作机弩矢，有所穿近者辄射之。以水银为百川、江河大海，机相灌输，上具天文，下具地理。以

△ 秦始皇陵地宫想像图

人鱼膏为烛，度不灭者久之。"考古专家们以此为线索，努力寻找着能揭开秦陵地宫之谜的种种蛛丝马迹。

据实际勘探资料表明：秦陵地宫东西实际长260米，南北实际长160米，总面积41600平方米。秦陵地宫是秦汉时期规模最大的地宫，其规模相当于5个国际足球场，幽深而宏大的地宫为竖穴式。司马迁说"穿三泉"，《汉旧仪》则言"已深已极"。说明深度挖至不能再挖的地步，至深至极的地宫究竟有多深呢？

神秘的地宫曾引起了华裔物理学家丁肇中先生的兴趣。他利用现代高科技与陈明等三位科学家研究撰文，推测秦陵地宫深度为500~1500米。现在看来这一推测近乎天方夜谭。假定地宫挖至1000米，它超过了陵墓位置与北侧渭河之间的落差。那样不仅地宫之水难以排出，甚至会造成渭河之水倒灌秦陵地宫的危险。尽管这一推断悬殊太大，但却首开了利用现代科技手段探索秦始皇陵奥秘的先河。

国内文物考古、地质学界专家学者对秦陵地宫深度也作了多方面的研究探索。根据最新钻探资料，秦陵地宫并没有人们想象的那么深。实际深度应与芷阳一号秦公陵园墓室深度接近。这样推算下来，地宫坑口至底部实际深度约为26米，至秦代地表最深约为37米。这是依据目前勘探结果推算的，但是否如此只有打开陵墓后才能进一步验证。

二、墓地坐西向东之谜

古人把墓地的选择看做是一件造福于子孙后代的大事，尤其像秦始皇这个企图永坐帝王宝座的封建帝王自然对墓地的位置更加重视。然而，叱咤风云的秦始皇为什么特别迷恋骊山这块风水宝地，将墓地选在这里呢？

据北魏时期的郦道元解释，始皇帝之所以要安葬在骊山是因为这里盛产黄金和美玉，始皇贪恋这里的美名，所以把墓地选在这里。实际上，秦始皇陵选在骊山还有一点是取决于当时的礼制和受"依山造陵"传统观念的影响。骊山从风水角度来看也不失为一块理想的风水宝地。早在春秋战国时期已兴起了依山造陵的观念，后来人们把依山傍水的地方视做最佳风水宝地。而秦始皇陵阔南依骊山，北临渭水，可谓是依山傍水造陵的典范。

据考古勘探，以及对墓道兵马俑位置的判断，秦始皇陵墓的朝向为坐西向东。这是一个奇特的坐向。在我国古代，都以朝南的位置为尊，历代帝王的陵墓基本上都是坐北朝南的格局，而统一天下的秦始皇，为什么愿意坐西向东呢？

有人认为，秦始皇生前派遣徐福东渡黄海，寻觅蓬莱、瀛洲诸仙境，并多次亲自出巡，到达碣石、会稽、琅琊、芝朱一带，而且还流连忘返。这一切无不昭示他对仙境和长生不老的迫切向往。可惜徐福一去杳无音信，秦始皇亲临仙境求取长生之法的愿望终成泡影。既然生前得不到长生之药，死后也要面朝东方，以求神仙引渡到天国，大概这就是暮年秦始皇的最大愿望。因此，秦始皇陵也就设计成坐西向东了。

也有人认为，秦国地处中国的西部，为了彰显自己征服东方六国的赫赫战功。在并吞六国之后，为了使自己死后仍能注视着东方六国，始皇帝矢志不改陵墓的设计建造初衷，所以我们看到的陵墓只能是东西朝向。

还有人认为，秦始皇陵坐西向东，与秦汉之际的礼仪风俗有关。根据当地文献记载，当时从皇帝、诸侯到上将军，乃至普通士大夫家庭，主人之位皆坐西向东。秦始皇天下独尊，为了保持"尊位"，陵墓的朝向也就坐西向东了。

其实，让人不解的不仅是秦始皇陵墓的朝向。据考察，陕西境内已发掘的917座秦墓，绝大部分都是东西向。秦公陵园的32座大墓，也全部面向东方。秦人葬式的这一特点，越是早期越为明显。是什么原因让秦人采取这东向的葬式呢？

从秦国的历史可以看出，东方是秦人祖先曾经劳动、生活过的地方，因而他们对东方怀有特殊的感情，但是东西悬隔，路途遥远，其间又强敌林立，"叶落归根"的希望非常渺茫，所以采用朝向东方，以示不忘根本。也有人提出了新的见解，认为秦人流行的西首而葬之俗和他们曾流行过的"屈肢葬"一样，与甘肃地区的古代文化或某种原始宗教信仰有关。比如"白马藏人"对本民族盛行的西首葬的解释是，日落归西，人亦随太阳走。也许秦人对他们的葬式也有本民族特有的解释，一切都不得而知。

三、扑朔迷离的地下兵团

20世纪六七十年前，秦陵东的临潼县西杨村的一农民打井，挖掘了好几天打不出水，却挖出了一个瓦人，像真人一样大小。他憎恨这怪物在作弄他，把瓦人吊在树上，砸得粉碎，以消晦气。然而，谁也不曾想到，这个在当地人看来晦气的瓦人，揭开了考古史上新的一页，让埋葬于地下的2000多年前的秦俑宝藏展露在世人面前。秦始皇兵马俑陪葬坑，可以说是世界最大的地下军事博物馆。俑坑布局合理，结构奇特，在深5米左右的坑底，每隔3米架起一道东西向的承重墙，兵马俑排列在墙间空当的过洞中。

在一号坑中已发掘出武士俑500余件，战车6乘，驾车马24匹，还有青铜剑、吴钩、矛、箭、弩机、铜戟等实战用的青铜兵器和铁器。俑坑东端有210个与人等高的陶武士俑，面部神态、服式、发型各不相同，个个栩栩如生，形态逼真，排成三列横队，每列70人，其中除3个领队身着销甲外，其余均穿短褐，腿扎裹腿，线履系带，免盔束发，挽弓挎箭，手执弩机，似待命出发的前锋部队。其后，是6000个铠甲俑组成的主体部队，个个手执3米左右长矛、戈、戟等长兵器，同35乘驷马战车间隔在11条东西向的过洞里，排成38路纵队。南北两侧和两端，各有一列武士俑，似为卫队，以防侧尾受袭。这支队伍阵容齐整，装备完备，威风凛凛，气壮山河，可谓是秦始皇当年浩荡大军的艺术再现，具有强烈的艺术感染力。

关于俑坑的存在，史书中没有任何的记载，也没有任何关于它的民间传说，它们到底是谁的军队呢？关中平原是秦汉至唐代的帝王谷，在兵马俑坑西边的地平线上可以看见一个巨大的土堆，那是秦帝国的创建者秦始皇的陵墓。如此壮观的陪葬坑，会不会属于始皇帝呢？考古人员从泥土中还发现了

△ 秦始皇兵马俑

大量的青铜兵器，在这只矛上刻有"寺工"字样。史书记载，寺工正是秦始皇设立的、主管兵器生产的国家机构。在这只戈上，右边的文字是："五年相邦吕不韦造。"吕不韦是秦始皇的丞相，他的职责之一就是负责秦国的兵器生产。无可否认，这些如真人大小的兵马俑，正是始皇帝的陪葬品。

在兵马俑陪葬坑中，一队队擐甲贯骨的武士，在钢钎和毛刷剔指下露出本来面目，都是七尺之躯、仪表堂堂。令人惊讶的是，不少武士上唇的髭尖上翘，蓄着大家熟悉的"仁丹胡"。在很长一段时期，许多人误认为"仁丹胡"是"欧风东渐"的舶来品，中国人蓄"仁丹胡"是模仿德国的威廉皇帝。当年鲁迅先生在看了《列帝图》里唐太宗的上髭后才恍然大悟，故专门著文辩诬，指出"仁丹胡"原来是一种国粹。秦始皇兵马俑坑里的"仁丹胡"武士们，比唐太宗早837年，可见"仁丹胡"实是我国的国粹，远古已有之。

出土的跪坐女俑中，大都容貌端丽，神态安详，大概是阿房宫里的侍女。她们衣饰整饬，但都光着一双脚板，让人诧异。其实，从史书中可以知道，秦汉宫廷侍女一般都是光脚的。她们在宫廷室内服役，地下铺有氍毹（地毯）或地衣，光脚无妨走路。更重要的原因，"徒跣"（光脚）是罪人的标志，那时宫女的来源大都是罪人的妻女，他们在宫廷里地位低微，光脚正好用以区别尊卑。

四、谁燃秦宫火

火烧秦陵仅仅是一种燎祭方式，还是项羽所为？这一历史悬疑至今没有结论。在对秦始皇陵的陪葬坑的挖掘中，一号坑和二号坑都发现了火烧土，而在三号坑中却没有发现。项羽是否火烧秦陵？根据遥感探测，科技人员发现了陵区有大面积的火烧土分布，同样考古人员在对秦陵陪葬坑的挖掘中也发现了大量火烧土和残余焦木。然而，珍禽异兽坑虽然遭到了火烧，但坑内却完好保存着精美的铜鹤、铜鹅、铜鸭等。如果是项羽火烧了秦陵，为什么陪葬坑里的珍宝却没有被运走呢？让人不可思议。

那么，火烧陵墓是不是当时的一种祭祀方式呢？即所谓的燎祭，这在发现的秦代陵墓中并不少见。根据《史记》记载"火烧秦宫室，火三月不灭"，从中可以看出作风严谨的司马迁并没有提到项羽曾焚烧秦陵，但项羽火烧秦陵的可能性最大。

据载，在秦始皇陵的工程收尾之时，由陈胜吴广发起的农民起义揭竿而起，关东各地纷纷响应。起义军不久便打到距陵园不足10华里的戏水附近。这时，数十万修陵人员只好遵命放弃未完成的陵同工程，跟着少府令章邯阻击起义军。备受折磨的10万修陵人员后来也加入了起义军，由于对秦始皇极度仇恨，也有可能是他们在返回临潼后火烧秦陵。

虽然经过了现代高科技和传统考古手段的结合使我们对秦陵地宫的认识从理论上：和实践上都向前迈出了历史性的一步，一些2000多年来一直悬而未决的历史之谜也开始显山露水，但由于依然未能彻底撕开地宫神秘的面纱，因此目前对地宫的认识到底有多少科学性和准确性也只有等待时间来检验。地宫里面到底还埋藏有多少石破天惊的秘密，秦宫之火到底是谁燃起？这依然是一个令人充满无限遐想的问题。

刘备墓之谜

据说，三国时蜀国皇帝刘备，其死后所葬的惠陵，至今仍然依傍在武侯祠旁。从现有的材料看，从未见惠陵被挖掘过的文字记录，甚至还有盗墓者进入惠陵被神鬼严惩之传说。这就让后人产生了疑问：历来皇帝陵墓鲜有不被盗挖的，为何此墓却完好无损？难道真的有神仙保护吗？显然这只是后人杜撰出的无稽之谈。为此，早在两宋时期就有人怀疑惠陵并不是真的刘备墓，而只不过是纪念刘备的衣冠冢。

那刘备真正的陵墓在哪里？

有人坚持惠陵即是真的刘备墓。据史书记载，关羽败走麦城，为东吴所杀，刘备为了给死去的兄弟报仇，亲自带领军队攻打东吴，然而不幸大败。兵败后的刘备退回到了白帝城，在公元223年4月病逝。5月，诸葛亮扶灵柩回到成都，8月下葬。这说明刘备的陵墓确实就在成都的武侯祠，并且今天的武侯祠内确实也还有刘备陵墓的建筑。

《三国志》记载说，刘备死后，尸体由奉节运回成都，后与甘夫人合葬在惠陵。《三国志》的作者陈寿曾任蜀汉的观阁令史，专门负责文献档案的管理工作，则他关于刘备墓地的记载必定是可靠的。

1985年，陈剑提出刘备应是葬在奉节。他认为，刘备死于4月，8月时下葬，并且是由奉节（即白帝城）运往成都。这里的4月和8月按照古时计月方式应是农历四月、八月，而此时的四川，正是酷热的夏天，温度极高，尸体最容易腐烂发臭。更何况，白帝城与成都之间相距千里，又都是逆行而上的水路和崎岖难行的山路，以当时的交通条件来看，即使单行也需要一个多月的时间，若是大军扶灵柩而行，该用多长时间才能抵达成都？此外，当时几乎没有防止尸体腐烂的保鲜技术，一些民间的所谓的可以防止尸体腐烂的方

△ 成都武侯祠

法经专家的鉴定其实都是没有效果的。这样分析，刘备尸体在一个多月的时间里必然已腐烂不堪了。诸葛亮怎么可能拉着腐烂的帝王尸体，经过长达三个多月的时间去长途跋涉，非要刘备葬于成都？这显然不合情理。

不仅如此，陈剑还指出，宋元以来的典籍和地方志大都记载说甘皇后葬在奉节，而据《三国志》所载，刘备是和甘皇后合葬的，然而在惠陵中却没有甘皇后。这就表明刘备应该是和甘皇后一起葬在奉节。此外，历史上还有很多关于刘备葬于此地的传说，近代还曾在奉节城内发现了多处人工隧道口，很像是墓道。文物勘测队曾经使用超声波开展物探，发现在隧道所通往的当地人民政府大院内的地底深处，埋藏了两座建筑结构，分别为18米、15米，高5米，专家分析认为它们很可能就是刘备和甘皇后的真墓。

坚持惠陵说的学者又对此提出反驳。他们引《三国志·先主甘皇后传》关于甘皇后的记载说，甘皇后死后，被葬在今湖北江陵，后追谥为皇思夫人，并欲迁葬于蜀。然而甘皇后的灵柩还没有到，刘备就死了。之后护送刘备灵柩归成都的诸葛亮在途中给后主上奏章述及此，认为甘皇后"宜与大行皇帝合葬"，并告太庙。可见刘备确实是和甘皇后合葬于一处的。此事在陈寿的《三国志》中有非常明确的记载，陈寿生在蜀地，又在蜀国为官，怎么会把国君的墓记错？另外还有人说，秦始皇于酷暑死亡却也千里迢迢地运尸归葬咸阳，刘备为何不可？并且如果说秦始皇时期还没有较好的防腐技术，400年后的三国时期，防腐技术必然是大有发展的，因而说因天热而不可能运尸回成都，理由并不足信。更何况史书中有明确的记载说刘备归葬返都。

近来，又有人提出刘备墓是在四川彭山的莲花坝。地处牧马山、彭山脚下的莲花村依山傍水，并且向来被看做是风水宝地，是古人墓葬的最佳选择之地。并且，牧马山当时是刘备的养马场，刘备手下有四名心腹都是彭山人，因此说莲花村是其墓所在具有可能性。此外，牧马乡的莲花村自古就有皇坟的传说。附近的农民也说他们村里大部分都姓刘，都说皇坟里躺着的是刘备。

但是仅从地理位置的优越性来判断刘备墓就在莲花村也不充分，明显的疑问在于：就是莲花村与成都相距很近，刘备尸体运往成都安葬不合理，难道运到莲花村就合理吗？历史上还有一个传说，认为刘备当年病死在白帝城，就在那里被安葬。对此人们解释说，三国时期正是历史上的乱世，这个时期的皇帝，无论是刘备还是曹操，他们都要防止自己的陵墓被破坏以及被后世盗墓者所毁。出自这样的心理，在刘备出殡时便四路进行，以求死后能得安生。

至今，关于刘备墓的各种传说虚虚实实，扑朔迷离，人们对刘备的陵墓所在地依然猜测不已，只能等待考古学者的进一步发现了。

诸葛亮的墓在何处

诸葛亮是我国历史上著名的政治家、军事家，人们称他神机妙算，用兵如神。但他死后葬身之地却也有两种说法，这同样让人感觉到捉摸不定。

一、定军山的诸葛亮墓

清人李士瑛为武侯墓撰联曰："生为兴刘尊汉室，死犹护蜀葬军山。"为诸葛亮埋葬于定军山下及其一生的政绩，作了最绝妙的概括。

勉县，是汉中西部之门户，自古便是兵家必争之地。特别是227～234年，诸葛亮以此为根据地，北伐曹魏，长达8年之久，留下了许多足迹。这里有古阳平关、读书台、定军山、武侯墓、马超墓及制木牛流马处等，还有全国最早的武侯祠。

定军山是著名的三国古战场。诸葛亮人生最后数年，在这一带操练兵马，北伐曹魏，死时就遗命"葬汉中定军山"。定军山在陕西勉县城南5公里，由12座山峰相连而成，如同一串珍珠沿东西方向延伸，故又称12连珠山。西起第三座山峰是定军山主峰，海拔800多米，与平地高差200多米。峰顶有石碑一通，上刻"古定军山"四个大字。长江的最大支流汉水，从定军山北流过，隔水相对是天荡山。两山紧锁汉水谷道，是汉中平原的西边门户。从整个蜀汉来说，这一带则是它的北大门。

该墓整个陵园面积为300余亩，树木森森。除岗峦园林以外，主要建筑有照壁、大门、献殿、大殿、寝宫及厢房等，主轴线为东西方向。大门上方高悬"武侯墓"匾额，门上绘着二龙戏珠，应照卧龙先生之意。大殿正中神台之上，有诸葛亮泥塑坐像，一手持扇，一手持书，姿态安详。琴童与书童，侍立两旁。神台之下，关兴、张苞二将分立，威武雄壮。大殿之后是墓冢，墓冢后的寝宫为放置死者衣物之所。

△ 勉县定军山脚下的武侯墓

晋朝的陈寿《三国志·蜀书·诸葛亮传》载："亮遗命葬汉中定军山，因山为坟，冢足容棺，敛以时服，不需器物。"诸葛亮墓冢为覆斗状，这是汉代高贵者的墓冢形状。它高约5米，周长60米，有砖砌花墙围护。墓侧有两株桂花树，树干直径约1米，高10多米，枝叶繁茂，如两把巨伞遮于墓冢之上，人称"护墓双汉桂"。四周有22株古柏，约要三人合抱才能搂抱过来，高30多米，树龄1700年以上，相传是诸葛亮去世时栽种。据说开始栽了54株，象征诸葛亮活了54岁，但现在仅存22株了。墓冢前的碑亭中立有二碑，碑文一是"汉丞相诸葛亮武侯之墓"，1594年立；另一是"汉诸葛亮武侯之墓"，1735年立。陵区内另有所谓"诸葛亮武侯真墓"一座，是1799年陕甘总督松筠所垒。于是形成了真假两墓。有趣的是，既成现状，二墓都加以保护，供人瞻仰。

据说，勉县武侯祠是全国几大武侯祠中建的最早的一个。因为诸葛亮深得人心，死后有许多人要为他立庙。蜀汉朝廷认为给臣子立庙不合礼仪，不许。于是，百姓因时逢节，私祭诸葛亮于街巷道路之中。后来，步兵校尉习隆和中书郎向充共同上表，认为不给诸葛亮立庙违反民意，立庙于成都又有逼蜀汉宗庙之嫌，宜在其墓附近立庙。刘禅从之，便在勉县建起了武侯祠。如今的武侯祠位于城西4公里川西公路旁，现存建筑，是1815年重修的。祠内碑刻，最古者是795年的"蜀丞相诸葛武侯新庙碑"。

二、诸葛亮墓的传说

但是也有一个传说说诸葛亮的墓并不在定军山，认为诸葛亮葬身之处现在没有人知道。

诸葛亮自五丈原一病不起后，自知寿数已尽，便对后事作了精心安排。他早已料定，蜀汉不久将被魏所亡，自己与司马懿交兵多年结有深仇，如果自己的墓地被敌人知晓，尸首肯定不会得到安宁。于是，他密奏后主刘禅："若臣一旦死后，当以不搞厚葬；不择地安葬为宜，只需将臣尸装入棺木，用新绳新杠抬着，一直往南走，等到绳杠断烂之时，就是臣的葬身之地。"公开却又放出风声，说他死后一定葬在定军山。

诸葛亮死后，部属按其遗嘱，在定军山大张旗鼓地操办后事，以掩人耳目。其实定军山只是他的一处"衣冠冢"。

后主刘禅按诸葛亮的生前安排，悄悄命四名关西壮汉抬着棺木往南走。四人走了一天一夜，棺木越来越重，抬得个个腰酸背痛，但丝毫不见绳杠有断烂的迹象。

这四人商议，如果这样抬下去，岂不是要到猴年马月才能交差？便决定择一荒山野岭无人之处，悄悄将棺木埋了。回到成都呈报刘禅，说是绳杠已烂断，已将丞相尸体就地掩埋。刘禅开始信以为真，后来一想不对，怎么新绳新杠仅一两天便断了呢？其中一定有诈！

刘禅对四人严刑拷问，四人只得将实情招了。刘禅大怒之下，以"欺君之罪"将四人问斩。人被杀后，刘禅才发觉杀人之前未将墓地问清，后悔不已。于是，诸葛亮葬于何处就永远无人知晓了。其实，这些早在诸葛亮的预料之中。

这两种说法究竟孰是孰非，我们不妨等时间来证明。

曹操真有 72 座陵寝吗

中国历代帝王都把陵寝作为社稷江山的象征。他们大多从登基之日起，就下令建造陵墓。这些陵墓工程浩大，费时多年，动用上万甚至几十万民夫，耗费了大量金银，陪葬了数不尽的财宝。而曹操对自己的身后事，却提出"薄葬"。他是中国历史上第一位提出"薄葬"的帝王。218年，他颁布了一道《终令》，明确提出死后不要厚葬，要将自己埋葬在瘠薄的土地下，依照地面原有的高度作为圹基，陵上不堆土，不植树。一年后，他为自己准备了送终的四季衣服，并留下遗嘱说："我如果死了，请按当时季节所穿衣服入殓，金玉珠宝铜器等物，一概不要随葬。"

当时，曹操虽未称帝，但权力与地位不亚于帝王，为什么他不但提倡"薄葬"，而且身体力行呢？推想原因有二：

其一，曹操一生主张节俭。据说，他对家人和官吏要求极严。他的儿子曹植的妻子因为身穿绫罗，就被他按家规下诏"自尽"。宫廷中的帷帐屏风，破旧之后缝补一下再用，不可换新的。有个时期，天下闹灾荒，资财匮乏，曹操带头不穿皮革制的衣服。冬天，朝廷的官员们都不敢戴皮帽子。

其二，为了防止盗墓。据说，曹操早年曾干过盗墓的勾当。他亲眼目睹了许多坟墓被盗后尸骨纵横，什物狼藉的场面，他不愿重蹈覆辙，所以一再要求"薄葬"。在力主和实践"薄葬"的同时，他还采取了"疑冢"的措施。布置疑冢，一方面为了防止盗墓，另一方面，也和他生性多疑有关。生前，他因多疑，错杀了许多人，死后，他的多疑也不例外。传说，在安葬他的那一天，邺城所有的城门全部打开，72具棺木从东南西北四个方向同时出发到指定地点安葬。从此，曹操墓的千古之谜随之悬设。

千百年来，盗墓者不计其数，但谁也没发掘出真正的曹操墓。那么，这

72座疑冢，哪座是真的呢？

我们先来看两首古诗。

其一：

漳河累累漳水头，如山七十二高丘。

正平只有坟三尺，千古安眠鹦鹉洲。

据此，有人认定曹操的墓应在古邺城四门豹祠以西的漳河沿岸。南宋诗人范成大1170年曾在此下马、拜谒曹操陵，但并不知拜的是否是真陵。

还传说，20世纪军阀混战年代，东印度公司的一个古董商人雇民工挖了十几座疑冢。但除了土陶、瓦罐一类的东西外，一无所获。1988年《人民日报》曾发表一篇文章《"曹操七十二疑冢"之谜揭开》，说，"闻名中外的河北省磁县古墓群最近被国务院列为第三批全国重点文物保护单位。过去在民间传说中被认为是'曹操七十二疑冢'的这片古墓，现已查明实际上是北朝的大型古墓群，确切数字也不是72，而是134。"至此，疑冢之说似乎不攻自破了。

其二：

铜雀宫观委灰尘，魏之固陵漳水滨。

即令西澶扰堪思，况复当年歌无人。

有人由此推断，曹操墓是在漳河河底。

并有两个传说作为佐证。一个是清人沈松的《金健笔录》中说有一捕鱼之人在干旱的漳河床内捕鱼，发现地下的石门，进入石屋见到了曹操尸体及陪葬女。说得有鼻子有眼的，但经不起推敲。另一个是蒲松龄的《聊斋志异》说许昌城外一山洞，内藏曹操棺椁。这也属虚构，难以令人相信。况且，地点也不符。《彰德府志》载，魏武帝曹操陵在铜雀台正南5公里的灵芝村。据考查，这也属假设。

还有一种说法是，曹操陵在其故里谯县的"曹家孤堆"，理由有三：其一，《魏书·文帝纪》载："甲午（220年），军治于谯，大飨六军及谯父老百姓于邑东。"《亳州志》载："父帝幸谯，大飨父老，立坛于故宅前树碑曰大飨之碑。"曹操死于该年正月，二月入葬，如果是葬于邺城的话，那魏

△ 曹操高陵墓门

文帝曹丕为何不去邺城而返故里？说明他此行目的是为了纪念其父曹操。

其二，《魏书》还说："丙中，亲祠谯陵。"谯陵就是曹氏孤堆，位于城东20公里处。这里曾有曹操建的精舍，还是曹丕出生之地。曹丕祠谯陵，一是不忘出生地，二是祭先王曹操之陵。

其三，亳州有庞大的曹操亲族墓群，其中有曹操的祖父、父亲、长女等人之墓。据推断，曹操之墓也当在此。不过这种说法也遭到了质疑，认为曹丕祠谯陵可能是祭祖，不一定是祭曹操。祖先坟在此，不一定曹操墓也在此。

面对"曹墓不知何处去"的感叹，人们对曹操的奸诈多疑可能有了更深的认识。但是，从另一角度看，曹操一生节俭，带头'薄葬'，是有非常积极意义的。在那战乱频仍、社会动荡的时代，身居高位的他，用隐秘的办法处理后事，也是迫不得已。这样做，既保护了自己，也使盗墓者无从下手，这也算是他的明智之举吧。一千多年了，曹操的真正陵寝还无踪迹，也许永远是个谜中之谜。

晋皇陵之谜

晋武帝司马炎是西晋的第一个皇帝，应该说是他的前两辈人将他抬上了皇帝宝座，所以司马炎一即位，就追封司马懿为宣帝、司马师为景帝、司马昭为文帝，也算是知恩图报吧。

从265年司马炎登上皇位，到316年西晋被匈奴所灭，司马氏集团在洛阳的统治只维持了51年，其间共出了四个皇帝。四个皇帝中，后两个皇帝被刘聪杀于平阳，算是客死他乡。前两个皇帝，即武帝和惠帝，则都死在洛阳，和老祖宗一起葬在洛阳。如此，西晋皇陵应包括五座墓葬，分别是宣帝高原陵、景帝峻平陵、文帝崇阳陵、武帝峻阳陵、惠帝太阳陵。

司马懿如此老谋深算，他的陵墓当然会引起人们极大的兴趣。那么，他究竟会把陵墓选在洛阳何处呢？清乾隆年间，洛阳知县龚松林就为此忙活了一阵子，最后把一座土冢认定为司马懿墓。这个土冢在洛阳老城以北河西岸，经知县大人之手与司马懿挂上钩后，游客纷至沓来，在土冢前凭吊怀古，抒发对司马懿的种种复杂微妙的感情。

这个司马懿的墓被人凭吊了约200年后，最终引起了盗墓贼的极大兴趣。新中国成立前，盗墓贼凿穿厚厚的黄土，本希望从这个大墓冢中发一笔横财，谁知竟然更正了一个历史错误。盗墓贼从土冢内挖出一方墓志，一看才知这土冢是北魏清河王元怿之墓。

1965年，考古人员从盗洞进入墓室进行考证，发现该墓确实是北魏墓的形制，司马懿墓之说纯属无稽之谈。

按照中国古代惯例，皇帝都非常注重陵墓的修建。一般情况下，皇帝修建陵墓的费用占当时国家财政收入的1/4。费用如此之大，就是为了使皇陵气派、壮观，显示皇家的威严。许多皇帝一登基就开始修陵，一直到他死去。

如果在位30年，就可能修建30年，可以想见皇陵的规模。

奇怪的是，西晋皇陵突然从人们的视野中消失了，不要说巍巍如山的大家，就连一个小土堆也不见。这是为什么？

许多人都以为魏晋时期盛行俭葬，所以司马氏顺应民心而"不封不树"，经过历史变迁后，西晋皇陵的具体位置就不为人知了。如果真是这样想，那也太小看司马懿了。

司马懿为何要定下"不封不树不谒陵"的家规呢？对外是"倡导俭葬"，实际上他是有自己的小九九的。在点透司马懿的小九九之前，我们先回顾一下司马懿"扳倒"曹爽的一幕好戏。

魏明帝曹睿又临终托孤，把齐王曹芳托付给曹爽和司马懿。因是皇帝的本家，曹爽想尽办法排挤司马氏。司马懿则假装有病，伺机反扑。

249年正月，曹爽和一帮心腹，以拜谒魏明帝陵为由，带领御林军，跟随齐王曹芳外出打猎。司马懿闻讯大喜，立即派人控制曹爽的军营，命司马昭带兵把守宫门、司马师带领军队占领都城的险要位置。

一切准备妥当后，司马懿奏请郭太后，下旨罢免曹爽宰相之职。郭太后本来与曹爽有仇，当然听从司马懿的建议。所以，司马懿让蒋济等人草拟奏章，派黄门官出城送给齐王曹芳。

当奏章送来时，曹爽和齐王曹芳玩得正高兴。看到司马懿的奏章后，曹爽吓得面如土色，想来想去只有向许昌逃窜。就在这时，司马懿又派人送信，说请曹爽赶快回洛阳，只将曹爽免职，别无他意。曹爽竟然相信了，带着一帮随从回到洛阳，结果马上就被司马父子派兵看管起来并找个借口杀了。此后，司马氏就牢牢地控制了曹魏政权，并一步步夺取了天下，成就了西晋帝业。

司马懿不得不吸取曹操的深刻教训，从根本上确保子孙遵守家规，于是就想了个绝招"不封不树。"没有陵墓，何谈拜谒？只要"不封不树不谒陵"，就能保证司马氏的江山万年永存，他司马懿就可以安安稳稳地长眠地下了。

"不封不树"还有两个好处：倡导俭葬，赢得民心；陵墓位置隐蔽，免

△ 皇陵神道两边的巨大石雕

得盗墓者打扰。在防盗方面，这一招与曹操"墓设七十二疑冢"有异曲同工之妙，但司马懿显然比曹操略胜一筹，修建陵墓时又考虑到了江山社稷的安全问题。当然，这一深层含义，只有司马氏自家人清楚了。

虽然"不封不树"，但修建陵墓还得选块风水宝地。如何保证外人不会知道陵墓的位置呢？据郭俊卿介绍，西晋皇帝下葬时先在外围布置警戒线，派重兵把守，严防外人进入。当然，这个警戒线的范围是相当大的，大到参与警戒的官兵也看不见陵墓的位置。在警戒线内，有专门人员从事安葬工作，之后要平整土地，恢复原状，直到地上重新长草，才撤去警戒。即使有人来到这里，知道陵墓的大致位置，但也肯定难以判断陵墓的具体位置。

如此无懈可击的安全措施，使西晋皇陵在首阳山下享受了千余年的清静。那么，它后来是如何被发现的呢？

西晋皇陵分东西两区，东区在偃师市城关镇潘屯、杜楼两村以北的枕头山下，西区在首阳山镇南蔡庄北的鳌子山下，两区相距数里。与潘屯、杜楼两村相距不远有两个村庄，一个名叫坟庄，一个名叫香峪。顾名思义，坟庄肯定与坟有关，香峪则是烧香的山谷。古代帝王修建陵墓后，都要派人守护，守墓人的后代就守地为家，慢慢繁衍，最后形成村落，这些村落的名字往往与陵、坟等有关。在西晋皇陵被发现以前，这里没有其他皇陵，这些村名当然也没有引起人们的注意。

巧合的是20世纪初，附近一户农家挖红薯窖时，挖到了一座晋代的墓。墓中有一方墓志，上有"北望皇陵"等记载。后来这里陆续有晋代古墓被发现，看来当时的晋人是想沾上皇家的好运，才纷纷把墓地选在这里。于是，人们猜想西晋皇陵就在附近，但具体位置仍是一个谜。

20世纪80年代，考古工作者利用先进的探测仪器，对这一带进行勘探，确定了西晋皇陵的具体位置，才解开了这一千年之谜。文物工作者在此共探出5座墓葬，均坐北朝南。其中一号墓规模最大，规格最高，墓道长46米，宽11米，墓室长4.6米，宽37米，高2.5米。该墓位于墓地东部，居尊位，与其余4座墓相距约50米。枕头山下是低平、富庶的伊洛河平原，视野非常开阔。郭俊卿说，那里就是埋葬司马懿、司马师、司马昭等人的地方。

站在最高点看鳌子山，恰如一个圆圆的鳌子。鳌子山下发现了多处墓葬，均坐北朝南，其布局主次分明，排列有序，显示出死者生前的尊卑关系。其中一号墓位于墓地最东端，居于尊位，且在墓地中规模最大，其墓道长36米，宽10.5米，墓室长5.5米，宽3米，高2米，故此墓主人是该墓地生前地位最高者。考古工作者判定一号墓为晋武帝司马炎的峻阳陵。

作为西晋的开国皇帝，晋武帝在墓地选择上看来是费了一番心机。鳌子山两端分别向南伸出一道较为平缓的山梁，对墓地形成三面环抱之势，就如一把罗圈椅，可以安安稳稳地坐享太平，是修建帝王陵墓理想的风水宝地。

如今，西晋王朝已被历史的风云卷走，穿越千年历史的迷雾，神秘的晋皇陵终于露出了神秘的一角。

神秘的西夏王陵探秘

被称为"东方金字塔"的西夏王陵，位于贺兰山中段东麓，距宁夏银川市城区（西夏都城兴庆府）35公里。陵区东西宽4.5公里，南北长10公里，总面积近50平方公里，陵区内共有9座帝陵，约250座陪葬墓。西夏王陵考古调查与发掘工作是从20世纪70年代初开始的，宁夏文物考古工作者先后对五号、六号、七号陵和三号陵，以及一些陪葬墓进行了局部发掘。

考古出土的文物主要有大量的砖、瓦，以及饰以兽面纹的滴水瓦当，还有形象逼真的套兽、脊兽等。其中，以最近在陵城南门、献殿出土的、用于建筑装饰的绿琉璃"妙音鸟"（佛经上称为迦陵频伽）最为重要，其数量之大，外形之完美，实属罕见，神态更是栩栩如生。

这次考古通过对月城、陵城以及献殿、陵塔（过去称陵台）等遗迹的发掘，基本搞清了陵园的建筑形制。

出土遗迹及文物表明，陵城内的建筑从南门、献殿、墓到陵塔都呈列在由南向北的一条线上，略向西北偏。陵城4个角由群塔组成，其中南边两个城墙角各5座塔形建筑，北边两个城墙角各7座塔形建筑，4座城门两侧各3座塔形建筑，整个塔形建筑高低错落，衬托底部直径约34米的中心陵塔。陵塔为一座圆形密檐塔，内部为夯土结构，外檐有装饰瓦。

从陵园围墙遗迹看，底部宽3.5米的陵城为红色墙体，顶部铺瓦，其滴水、瓦当有完整而精美的兽形等装饰图案。

从出土的建筑遗迹来看，陵城东、西、北门均为面阔3间的门屋，没有城门洞。在西门出土了房顶两头用于装饰的残高1米余的鸱吻。南门用于走人，且此门台基长21米、宽12米，墁道上铺有花砖，面阔也比其他城门宽。

陵城每个角阙分别由5个呈近圆形的夯土台基组成，台基外层以青砖包

△ 西夏王陵

砌。根据周围出土的建筑装饰构件推测，其上面原有塔形装饰性建筑。专家们认为，这种由多个近圆形建筑组成的角阙目前尚属首次发现。每座建筑物类似亭式塔，并饰以迦陵频伽。

陵城献殿为面阔3间、进深3间八角形台基的方形大殿。从献殿后门到墓道直接进入约20米深的墓室。由此看出这些建筑形制具有西夏佛教的突出特色，但也吸收了中原汉唐文化特色。

据有关考古专家介绍，东西相距120米，南北相距52米的月城地面遗迹发掘已完成，墙体遗迹清晰可见。专家介绍说，主要堵体以黄土夯筑而成，墙基宽2.45米，夯土之上涂有草秫泥，表面再涂以朱红色染料。在夯土层墙体上还发现了许多柱洞，在墙体两侧发现了大量的、形状比较完整的板瓦、筒瓦和滴水瓦当，瓦当上有完整而精美的兽形图案。

在月城门两侧还发现柱洞，由此推断月城门为等级很高的木质乌头门。月城内东西向50米内排列两排石像身座，石像不到2米高。专家认为，把文臣武将集中摆列在月城，突出了皇家陵园的威严和气势。

满城汉墓之谜

一、中山国的安逸之王

1968年的5月，解放军某部在河北省满城县的陵山上进行一项军事任务，由于工作的需要他们在陵山上挖掘一个山洞。有一天，在挖掘工作正在进行的时候，突然山洞的一个地方陷了进去，由此一不小心竟然发现了一座古墓，从而揭开了一个千古之谜——中山王刘胜的王陵。

为什么确定发现的古墓就是中山王刘胜的陵墓呢？这要从当时出土的文物中寻找答案。在历史上有两个中山国，一个是春秋战国时期鲜虞中山国，另一个就是西汉时期的中山国。两个中山国所存在的时间不同，在文字上也有很大的差别。战国时期的中山国使用的文字是金文，但从墓里出土文物上的字却接近汉隶。此外，从墓里出土的铜器来看也和战国时期的完全不一样，是地道的西汉风格。所以考古学家认为解放军发现的这个墓就是西汉中山鼠的国王刘胜的陵墓。

刘胜的墓室是迄今发现的最早保存最完整的诸侯王墓，因位于满城，人们习惯称为满城汉墓，也叫中山靖王墓。

西汉经过"文景之治"以后，国家开始安定，人民的生活水平相对提高，已基本进入了繁盛时期。也就是在这一时期，公元前154年，西汉景帝刘启封皇八子刘胜为中山王，属地称为中山国。刘胜是西汉景帝刘启的庶子，汉武帝刘彻的哥哥。从此，他统治中山国长达42年之久。刘胜去世后，传位给他的儿子——第二代中山王刘昌。刘昌在位仅1年就去世，传位给他的独生子中山康王刘昆侈。刘昆侈在位21年去世，传子中山顷王刘辅。刘辅在位4年去世，传子中山宪王刘福。刘福在位17年去世，传子中山怀王刘循（一作刘修）。刘循在位15年即公元前55年去世，无子。中山王国共传6代6王，至此绝封。

中山国位于太行山东麓，大致包括易水以南，滹沱河以北的地区。首府设在卢奴（今河北定州市）。

作为皇族封地，中山国是个逍遥自在的独立王国。在当时，汉景帝免除了中山国向汉王朝捐纳赋税等诸多义务，因此在经济方面，中山国相对其他的地方是非常充裕的。而且由于中山靖王始终保持自己所坚持的做人原则，一直过着与世无争（受封皇族的与世无争当然也是汉王朝皇帝们所希望看到的局面）的生活，没有参与过任何诸侯国的政治活动。他是独立王国中一个逍遥自在、尽情享受生活的神仙般人物。

传说汉武帝"削藩"的时候，有人前去游说中山王，让他领兵造反。中山王当时看了看来者，很平淡地说："如果我造反，对我有什么大的利益吗？"

"王可以做皇帝，成第二个武帝。"

"可是我现在在这个位置上不是也很好吗？将来如果事成，领导你们这些有反心的人太让人头疼了，还是在这里逍遥啊。"

来者一看说服不了中山王，就把事先准备好的所有的理由都罗列出来，意在让中山王举兵。可中山王就是不为所动，最后实在不愿意听来者的那些高谈阔论，就轻轻拍了三下巴掌，这个时候从屏风的后面走出了两个妖冶的女子，她们根本不避讳来使，就与中山王调情起来，搞得来使非常尴尬，只好悻悻离去。

后来，便有诸侯王评价中山王，说他是一个酒色之徒，是个扶不起来的阿斗，于是从此后，没有人再去找他商量诸侯中的大事，更没有人跟他谈国中大事。当年他的同母兄赵王刘彭祖却与他志趣相反，还曾指责他"奢淫，不佐天子拊循百姓"，对刘胜所遵循的"王者当日听音乐，御声色"非常痛恨，经过几次三番加以劝导，让他以国家大事为重，可屡屡不见效果，最后刘彭祖也只好任他胡闹去了。

其实，在那个中央集权制的年代，刘胜的这种做法或许就是他的聪明之处，也正因如此，他才保持了他中山国的完整。不事政治还有一个好处，那就是他前后共生了120多个儿子，这些儿子发展了刘姓的脉络，以致今天刘姓人基本都是从刘胜这里传下来的，其中最著名的刘备就以刘胜作为自己的老祖宗，因此人称"刘皇叔"。

虽然刘胜沉溺酒色，但是为了诸侯王的利益，他还是有过作为的。汉武帝刚即位的时候，朝中大臣都因为七国之乱的教训对诸侯王进行百般挑剔。建元三年，刘胜和代王刘登、长沙王刘发、济川王刘明一起到长安朝见弟弟汉武帝。在汉武帝设宴款待他们的时候，刘胜听见奏乐就哭了出来。汉武帝问他何故，他借机声情并茂地向弟弟哭诉朝中大臣对诸侯王的挑剔。看着他一脸的委屈，汉武帝立刻下令以后不得再欺凌诸侯王。一时之间，刘胜被誉为"汉之英藩"。

也许是不问政治的原因，让他有了更多的时间做点学问。历史上的刘胜文才很好，诗文写得很漂亮。从《汉书》记载的刘胜在受汉景帝召见时所作奏对文章可以看出，刘胜是个文化素质颇高的藩王。

作为一个经济富足的中山国的国王，在生了120多个儿子之后，刘胜对于自己死后的葬身之地又是怎么安排的？是奢华还是简约呢？

二、一座保存最为完整的古墓

中山靖王刘胜及其妻窦绾墓，设在今天河北省满城县县城西南1.5公里处陵山主峰的东坡，又称满城汉墓。满城县在西汉的时候称北平县；是中山国最北面的一个县。其北临漕河，南靠蒲阳，西依太行，东接华北大平原，地势平阔。境内河流纵横，土地肥沃，非常适合耕种，是华北平原上富庶的地方。

陵山是由三座相连的山峰组成，故称凤凰山。主峰居中高卧，面向东。两侧峰以主峰为中心呈南北对称，三座峰呈"品"字形排列，宛如一把坐西朝东的太师椅，颇有风水之妙。许是就因这风水之妙，刘胜的第十三代孙刘备终于做了皇帝。整个陵山西览如仙龟探海，南观似凤凰展翅，颇有气势。

在陵山的北面山脚下有两个小村子，两个村子间有一条小河流过，河南是南陵山村，河北是北陵山村。在这两个村子的东南不远处，就是守陵村。守陵村是中山靖王刘胜的奉陵村，是专门看护刘胜古墓的。

△ 刘胜夫妇墓

在陵山有一条古道，是两千多年前专门为刘胜夫妇及其后代送葬所开凿的一条路。这条古道在当时曾经肩负着往山上运送筑墓用的石料、木料、随葬品、车马、送葬队伍等重任，这是通往刘胜夫妇墓的唯一一条官路，刘胜墓就位于这条路的西侧略微偏北的位置。保存如此完好的陵墓，里面究竟是怎样布置的呢？考古学家在里面挖掘出刘胜夫妇的遗体吗？

1968年夏天，中山王刘胜墓的考古挖掘工作正式展开。1968年7月2日，周总理派时任中国科学院院长的郭沫若和夫人于立群专程从北京赶到满城陵山发掘工地，对考古工作进行视察。

考古工作进行得非常顺利，工作人员很快就清理出了刘胜墓。并且在刘胜墓的旁边，发现了其妻窦绾的合葬墓。

刘胜夫妇墓系凿山为陵的大型崖墓。从墓的规模来看，墓凿于山石之中，成一个巨大的洞室，工程艰巨，规模宏大，宛如两座地下宫殿。

从陵的主峰东面看，刘胜墓在主峰南面相当于主峰三分之一的地方，两座墓南北并列，墓门之间相距约120米。其中刘胜墓东西全长51.7米，南北宽

37.5米，最高处6.8米，容积约2700立方米。窦绾墓的大小与刘胜墓的大小相差不是很大，东西长49.7米，南北宽65米，最高处7.9米，容积达3000立方米。

刘胜墓是由墓道、甬道、南耳室、北耳室、中室和后室六部分组成。中室在整个墓室的中部，面积最大，接近四方形。中室也就是中堂，是接待客人和平时活动的地方。中室地势平坦，东部和前室相连，和前室形成一个完整的整体。

墓道口的上部为圆拱形，两侧壁为弧形，从开凿的整齐程度看，当时一定费了造墓者不少的工夫。经测量，墓道全长20.63米，其中外口高4.16米，宽2.14米，内口高4.5米，宽4.5米，呈正方形。整个墓道越往里越宽阔。

过了墓道口，就是前室，前室是通往中室、后室和回廊及南北耳室的总通道。前室的南侧中心点以南是南耳室，北侧中心点以北是北耳室，整个前室的地平面呈东高西低，为斜坡状下降。

南北耳室的大小基本相同，不过南耳室要比北耳室略短一些。两个室的底部构造也不相同，这主要是两个室里的随葬物品的不同所造成的。南耳室是一座大型的车马房，而北耳室是一个用来储存庖厨、饮炊等生活用品的储藏室。

后室位于中室的西面，分为门道、主室和侧室三部分。中室和后室之间设有石门。石门是石道是中室和后室相连的通道，由台阶、石门和过道组成。后主室是由青色石板岩对砌而成的，在结构上应该是模仿当时的卧室。后主室呈长方形，南北长5.46米，东西宽4.06米，高2.28米。进入后主室以后，就可以看到南壁靠东端的一座长方形的石门，进入这个石门，就是后侧室。考古学家从这个侧室里发现了浴盆、错金博山炉，从这些出土的文物看，这里应该是主人淋浴的地方。

另外，考古学家在刘胜夫妇的墓里，发现了很多随葬品，两个墓合计起来，大约有6000多件（套、副），这些随葬品品种齐全，放置有序，几乎包括了当时中山国所有的器皿。其中以陶器数量最多，铜器次之，此外还有铁器、金银器、玉石器、漆器和纺织品等类。

　　两墓的随葬情况基本相同，其中刘胜墓南耳室和甬道放置车、马；北耳室放置盛贮粮食、鱼肉及炊饮的各种陶器、石磨和推磨牲口；中室放置了大量铜器、陶器、铁器、金银器等生活用器；后室放置棺椁及贵重物品。

　　随葬品中的铜器大都是鎏金的，这些铜器数量之多、种类之广、工艺水平之高都是考古工作者之前没有发现的。两墓共出土铜器700多件。这些铜器有的刻铭，造型优美，装饰华丽，铸工精湛，可谓金碧辉煌。这些青铜器大都密密麻麻地排列在一起，好像是在列队经受检阅，足见当年刘胜的生活是多么的奢华。这些青铜器有许多是过去从未发现的，其中很多铭刻"中山内府"或记载年代，或标明本身的重量。如长信宫灯、错金博山炉、错金银鸟篆文壶、鎏金银蟠龙纹壶、鎏金银镶嵌乳钉纹壶、骑兽人物博山炉和各种灯具等。

　　后室是埋葬器物最为丰富的地方，在这里，考古学家发现了大量的珍贵文物。其中最著名的是两件完整的"金缕玉衣"和镶玉漆棺。这是考古学家第一次发现这么贵重的文物，所以他们都非常地惊喜。

　　可是，令考古学家难以置信的是，窦绾的玉衣里有一具完整的女性尸体，而中山王刘胜的玉衣里却空空如也。刘胜死后到底葬在了哪里？难道此处只是他的一个衣冠冢？这个谜一直到今天都没有人能够解开。

　　三、三号墓的疑问

　　在两个墓的南耳室中，考古学家发现了大量的陶方缸，有的缸上还标注了"黍上尊酒十五石"、"甘酿十五石"、"稻酒十一石"，这些方缸当然不是用来盛水的，而是注满了各种各样的酒。缸总计有33口，容量都大体相当，初步估算这些缸里可盛酒一万斤左右。而且在酒缸旁边的一些缸里，考古学家还发现了一些禽类的骨骼。由此可见，这都是为了满足刘胜的口食之欢，符合了他生前迷恋酒色的特性。

　　既然有酒缸，当然就会有饮酒的器皿。在两墓随葬的铜器中，考古工作者发现了大量金碧辉煌的酒器。

　　传说在当年修陵的过程中，一个负责建陵的官员为了表示忠心，在周围的几个国家中花大钱征集各种酒器，碰到奇货，不惜重金购买。为此他从自己的家里倒贴了很多银两。于是有人就批评他，做这样傻的事情值得吗？那个官员摇了摇头，没有说话，依然继续自己搜集酒器的工作。

这件事情不知怎么就传到了刘胜的耳朵里，让刘胜大为高兴。一天，他特意召见了这个官员，问他为什么要这样做。官员的回答更让刘胜高兴，他说："我只是为了我的国王做了我能够做到的事情，这是我一个臣子的本分。"这句话让这个官员从此步步高升，而且刘胜根本没有让这个官员自己掏腰包，给了他足够的银两来抵消他原来的投入，从此把整个陵墓的修建工作全交给了他。于是，那个官员在陵墓的建设上更加卖力了。

在考古过程中，为了便于分辨，考古学家把中山靖王刘胜的墓称为"满城一号墓"，把其妻窦绾的墓称为"满城二号墓"。

考古工作者清理一号墓的时候，刘胜的玉衣由于室顶石板下塌导致棺椁坍塌，所以在玉衣的上面覆盖了一层腐朽的木质和漆皮。在清理金缕玉衣时，在里面没有发现任何东西。玉衣又称"玉柙"。根据《后汉书·礼仪志下》记载，皇帝的玉衣用金缕，诸侯王、列侯、贵人、公主用银缕。按此标准，刘胜只能享用"银缕玉衣"，而实际上，他却享用了金缕玉衣。

在西汉工艺水平下，要制作这样的金缕玉衣，如果要一个工匠来做的话，至少需要十年的时间。由此可见，刘胜早就开始为自己修建陵墓了。由于金缕玉衣象征着帝王贵族的身份，所以有非常严格的制作工艺要求，在汉代，为了给帝王诸侯制作玉衣，还专门设立了从事玉衣制作的"东园"。

工匠在制作玉衣的时候，要对大量的玉片进行选料、钻孔、抛光等十多道工序的加工，并把玉片按照人体不同的部分设计成不同的大小和形状，最后再用金线相连。制作一件中等型号的玉衣所需的费用几乎相当于当时100户中等人家的家产总和。贵族们原来是想用玉衣来使自己留在人世的时间更长一点，同时也是为了自己的尸体免遭伤害。可是，用金缕玉衣做葬服不仅没有实现王侯贵族们保持尸骨不坏的心愿，反而招来盗墓者盗衣毁尸的厄运。许多汉王帝陵就是因为身上的玉衣，而往往多次被盗。不过，到了三国时期，魏文帝曹丕下令禁止使用玉衣葬身，从此玉衣在中国历史上消失了。

由于在金缕玉衣里面没有发现死者的尸体，于是有关专家认为玉衣的尸

△ 金缕玉衣

骨可能由于地下水和石灰岩的溶解作用，已经被腐蚀掉了。难道事情真像这些专家所认为的这样吗？

在"满城二号墓"，也就是刘胜的妻子窦绾的墓里，考古学家发现窦绾的这一件玉衣要比刘胜的那件保存得相对完好。考古工作者在这件玉衣里发现了死者的脊骨、肋骨和盆骨以及牙齿的珐琅外壳等物品。

玉衣为人体形态，分头部、上衣、裤筒、手套和鞋五部分。全部由长方形、方形、梯形、三角形、四边形、多边形等玉片拼合，玉片各角穿孔、用黄金制成的丝缕加工编缀。

刘胜的玉衣全长1.88米，共用玉片2498片，金丝约1100克。在刘胜的玉衣旁边，考古工作者还发现了玉具铁剑两柄。窦绾的身体较小，玉衣全长1.72米，共用玉片2160片，金丝约700克。

为什么在窦绾的玉衣里有尸体的残骸，而在刘胜的玉衣里什么也没有呢？在陵山除刘胜夫妇墓外，还有18座陪葬墓，它们分布在陵山南坡，皆以长方巨石叠砌，上圆下方，每边长15米，高4～7米，下有竖穴洞室。于是有人推测，可能在一号墓和二号墓的周围还有另外一座三号墓，那里面可能埋葬着真正的刘胜。

难道真有三号墓吗？

四、再现历史的真实

作为一座没有被盗墓者光顾过的陵墓，中山靖王墓究竟发掘了哪些陪葬品，这些陪葬品都具有怎样的价值呢？

在满城汉墓中，两墓出土金、银、铜、铁、玉、石、陶、漆等器物，丝织品、银鸟篆壶和医用金针共一万多件。除了非常珍贵的"金缕玉衣"之外，还有一些非常珍贵的东西，主要有以下几种。

1.长信宫灯。长信宫灯高48厘米，通体镀金，体内中空，无底，做宫女跪坐执灯形状，灯可调节亮度和照射的方向，灯烛燃烧的时候，冒出来的烟可融入宫女的体内。在灯座、灯盘、灯罩屏板和宫女的右臂及衣角等处刻有9处铭文，65个字。

长信宫灯，以宫女的身躯为主体，造型非常精美，是一件艺术价值很高的作品。在设计上，工匠采用了分段铸造，而且各部分达到了有机的结合，整体完美和谐。宫女的头部、灯盘、臂部都可活动，在灯盘上装了一个长柄。灯罩分片，开合自如，可以调节光的大小。同时在宫女的身体保持不变的情况下，可以使灯盘朝向需要照射的地方，以调节照射的不同方位，有点类似于今天的台灯。从长信宫灯的制造上，可以看出在工艺品的制造上，西汉人已经掌握了非常高的技

△ 长信宫灯

术技巧。

长信宫灯的名称来源于在灯上刻有"长信"字样。考古专家在研究灯上的铭文时分析，灯很可能是长信宫里的器物，应该是汉景帝幕后窦太后所用之物。而刘胜是窦皇后的孙子。由此推断，这个窦绾有可能是窦太后的娘家人，她嫁给刘胜之后，窦太后赏了这座长信灯。

2.错金博山炉。它是一种熏炉，是刘胜墓里出土的精巧绝伦的一件工艺品。炉高26厘米，炉盖铸成山峦重叠之形，故称博山炉。在炉盖上，有虎豹奔跑于山峦之间，猴子踞于山峰

△ 错金博山炉

或骑在兽的身上，描绘了一幅生动的狩猎场面。其中人物、山石、动物的错会勾勒，使整个画面静中有动，生机盎然。炉通体用金丝错出精致的纹饰，金丝粗细不同，细者如发丝。座柄透雕三条龙出水，头拱托炉盘，炉盘上有错金流云纹。把香料放入点燃，香烟通过炉盖的许多小孔，袅袅上升，弥漫房中。

3.朱雀衔环杯，是一件造型精美、生动形象的艺术品。从整体来看，朱雀衔环立在两个高足杯之间的兽背上，展翅欲飞，嘴里衔一个可以转动的玉环。在朱雀的颈部和腹部都镶嵌着绿松石，朱雀的全身也是通体错金的，看起来金碧辉煌。在朱雀下面的兽是匍匐状的，不过仰头张口，似乎在等待着什么。兽的四足踏在高足杯的底座之上。每一个高足杯的外表都镶嵌着绿松石13颗，从出土时里面尚有朱红色的痕迹来看，专家推测这可能是用来盛化妆品的。

除了上面这几件世界级的文物外，考古工作者还在刘胜的墓里发现了时代最早的铜帐构件。

△ 朱雀衔环杯

汉代贵族使用帷帐非常讲究，一般设在厅堂。而且由于这些帷帐可以拆卸，因此也可以用作行帐。在使用时，可以根据气候的冷暖在帐架上挂各种颜色的帐幕。

从发现的构件的大小、编号、刻铭、出土位置等分析，它们是分别属于两套帷帐上的构件。考古工作者根据这些构件，对帷帐进行了复原，发现其中一顶是平面为长方形、顶作五脊四阿式的帷帐，另一顶是四角尖顶方形的帷帐。

在刘胜的墓里，还有一项发现是非常重要的，这就是金银医针的发现。其中金针4枚、银针5枚。《黄帝内经》中有关于九针的记载，从这些针可以看出，在西汉时候，医学人员已经在《黄帝内经》之后发展了中国的医学，这对研究当时的医疗水平是非常重要的。

今天，中山靖王墓已经进行了适当的复原，给予了充分的保护。1988年它被国务院批准为全国重点文物保护单位。1990年底，河北满城县对满城汉墓进行了开发，并于1991年5月正式对外接待游客。

随后，在政府的支持下，在中山靖王墓所在的陵山上，又先后兴建了登山索道、下山滑道、山地滑草、汉王宫、莲花宫、龙华宫、警世宫、靖王狩猎场、游泳池等10个附属景点。更令人欣喜的是，陵山依托其得天独厚的地理和自然环境优势，于1995年、1996年相继举办了全国第七届、第八届滑翔伞锦标赛暨飞机跳伞冠军赛。1996年，被国家体委航管中心指定为"全国滑翔伞培训基地"。

埋葬在王宫地下的女将军之谜

一次偶然的发现，打开了一扇神秘的大门。一个女人的名字，引出了一段千古传奇。为什么礼器和斧钺与她同在？为什么她死后葬在宫殿之侧？殷商王朝的遥远岁月，3000年前的风云际会，这个女子究竟扮演了怎样的角色？甲骨文中透露了哪些真相？青铜礼器昭示了她怎样的地位？君王的青睐，王室的祭祀，这一切都意味着什么？人们将殷切的目光投向位于河南安阳殷墟的妇好墓，渴望揭开已跨越千年时光的妇好之谜。

一、唯一未遭盗掘的殷墟古墓

安阳是座位于中原腹地的古老城市，在今天，它也像中国其他城市一样充满了商业气息。每到星期天，市中心的商业街就成为女人的天地。

和中国所有的现代女性一样，今天的安阳女子用各种方式追求着自己的梦想和价值。可是，她们很少想到，在她们生活的这片土地上，3000年前的商代，曾经出现过一位传奇女性，她的形象被后人雕凿在这块土地上，这也是迄今为止这里出现的唯一商代人物形象。那么，她为什么会如此不同凡响呢？

这个人物初露眉目源于1976年春季的一次意外发现。这一天，女考古队长郑振香带领社科院考古所安阳工作站的工作人员在小屯村西北的岗地上挖掘一处建筑基址，这里是商代都城殷墟的宫殿区。

挖掘时，郑振香发现情况有些特别，在一处房基的下面又发现了一个20平方米左右的圆形灰坑。30年后，已经是中国社会科学院考古研究所研究员的郑振香还能清晰地回忆起当年发掘的情景。当时，她亲自清理了这个灰坑，发现下面是一片红色的夯土，而且土质坚硬，不同于一般的房基土。当房基清理完后，竟然呈现出四边略小于房基的一个长方形夯土坑。它的南端

△ 妇好墓

同房基一样在取土时被破坏了，但是房基大小不仅同其下面的夯土坑大体接近，而且恰恰坐落在坑口之上。根据以往的经验，她当时就预感这下面隐藏的可能是商代墓葬！

可是，为什么会有人被埋葬在国王生活和处理国事的宫殿下面呢？郑振香决定一探究竟。令她感到意外的是，这里的夯土层极为厚实。经过反复打探，钻到6米以下仍未发现重要迹象。郑振香并没有就此放弃，她始终在现场密切关注着每一探铲打上来的土样。在钻探深度达到7米时，探铲轻轻拔出，令人惊喜的是满铲都是湿漉漉的红色漆皮。样土被轻轻地从探铲中挤压出来，大家眼前为之一亮，泥土中夹杂着一丝闪亮的光泽，细腻润泽，不停地射出炫目的光芒。拨开泥土，一枚晶莹剔透的玉坠完好无损地带着来自地下的神秘信息，率先现身在人们面前。顿时工地上一片沸腾，人们异口同声地欢呼："墓葬！"多日来的不安和忐忑一扫而空。一座墓葬就在脚下，而且钻探结果还表明这座墓可能侥幸逃脱了被盗的命运，发掘工作可谓形势喜人。

5月17日，对墓葬的挖掘工作正式开始。起初，人们对这样一座中型墓葬并不抱太多希望，然而随着挖掘的深入，大批的随葬品呈现在人们的眼前，墓中总共出土各类器物1928件，从这些器物的数量和工艺水准上，郑振香敏锐地意识到，这绝不是一个普通人的墓室。这个墓的规模不算太大，墓口长5.6米，宽4米，底略小于口，深8米。墓室填土中的随葬物是分层埋入的。出土的1928件，随葬器物中，有青铜器468件，以礼器和武器为主。礼器种类齐全，可分为炊煮器、食器、水器等。大型礼器都是成对成套出土，比如：圆鼎12件，可分为大小相近完整的两套；4件一套盼斗两套，大小相同而纹饰不同；还有三种不同铭文的觚和爵也都是10件一套。充分显示了墓主人尊贵的身份。其中两件"司母辛"大方鼎纹饰华丽、造型纯朴，凝重之中带着几分威严凌厉的气势。它们通高80.1厘米，重128公斤，大小仅次于"司母戊"大方鼎。

此外，墓中出土玉器755件，有礼器、仪仗、装饰品和生活用品等，装饰品占一半以上。它们精美而华丽，体现了殷商时代高超的工艺水平。其中礼器175件，计有璧、琮、环、瑗、璜、簋等，以璧、琮为主。我国古代曾有"苍璧礼天，黄琮礼地"的说法，墓中大批璧、琮的出土充分反映出这一传统文化观念在中原地区的盛行。

墓室虽然不庞大，但出土随葬品的规格却不亚于王陵，而且很多玉器是其他大墓中所没有的，墓主人的尊贵身份由此可见一斑。在殷墟的考古工作中，曾经发掘出了很多商代的大墓，但是所有的墓葬都被盗掘一空，以至于没有一个可以确定墓主人的身份。然而这座墓在挖掘中，却还没有发现盗墓的痕迹，因此它很可能是商代陵墓中唯一没有被盗的一座，也就是说，这很有可能是唯一一座墓主人可以考证的商墓，那么这个墓究竟属于谁呢？

随葬的200多件青铜礼器和乐器上绝大部分铸有铭文，记述了墓主的身份。在几天的清理过程中，人们发现铭文中出现最多的是"妇好"和"司母辛"的字样。

妇好？郑振香隐约觉得这是一个曾经熟悉的名字，这使她不禁想到40年前的一次考古发现，难道是她吗？

那是1936年6月的一天，安阳考古队在殷墟发现了一个巨大的甲骨坑。经

△ 妇好墓出土了大批甲骨

过清理，其中出土了上万片甲骨，这是安阳考古工作开展以来，有关甲骨文最为重大的一次发现，众多的甲骨为研究商王朝的历史提供了极为有利的条件。

很快，考古学家对这批甲骨展开了研究，他们发现这一万多块甲骨几乎全部出自商王武丁时期，是商王就国家大事占卜祈祷的记录。然而随着研究的进一步深入，人们渐渐注意到在这一段时期，在甲骨上除了武丁的名字，还有一个名字反复如现，大概有200多块甲骨上记载了这个人的事迹，而这竟然是一个女人——她的名字叫做妇好。

可是为什么一个女人的名字会在甲骨文中反复出现？难道她具有某种特殊的地位吗？在以后的岁月里人们一直追寻着她的踪迹，但是由于缺乏相关的考古发现，妇好其人之谜始终没有找到答案。

面对眼前这个再次出现的名字，郑振香感到她揭开这个人物神秘面纱的机会就在眼前。她一边清理出土的器物，一边努力从中寻找着线索。

二、传奇王后身份之谜

墓中首先清理出的是商代王室妇女专用玉器400多件，让人们联想到当年出土的甲骨文中一批颇具身份和地位的王室女性的名字。这些女人是商王的妃嫔和贵族的配偶，她们的名字都以"妇"字开头，大约有95个被称作"妇"的女人在甲骨文中出现，妇好也是其中的一个。那么，妇好在王室中又有着怎样的身份和地位呢？

在进一步的研究中，人们发现，有些卜辞竟然显示妇好与当时的国王武丁有着非同寻常的关系。"贞翌庚寅妇好娩"，这一段记载妇好怀上了国王的孩子。武丁对未来出生的孩子非常关心，他急切地想知道这个孩子是男是女，这些迹象表明妇好极有可能是国王的妻子。

武丁是商朝的第23代国王，他统治商朝的时间长达59年。据传说他的父亲小乙曾让他行役在外，生活在平民百姓之中。因此他即位之后，能够体恤万民、勤于政事，所以商王朝在武丁在位期间达到了全盛期，历史上称为"武丁中兴"。武丁有64位妃嫔和100多个儿子，但是他的王后却前后只有3位，其中最著名的就是妇好。

在妇好墓接下来的清理中，出现了大量的青铜器。青铜器的总数为468件，仅此一项就超过了殷墟历年出土青铜器数量的总和。其中一个大鼎引起了专家们的注意。这个大鼎外形厚重，文饰精细，重量仅次于司母戊大方鼎，是目前中国出土的第二大鼎。尤其是其上刻着"司母辛"字样，根据考古科学的研究，"司"是祭祀的意思，"母"代表是儿子奉献的，而"辛"应该就是妇好死去时的庙号。根据商代的习俗，以天干为庙号的人，只有国王与王后。

司母辛鼎的发现证明了妇好不仅是国王的妻子，而且是一位尊贵的王后。

接着考古学家根据铭文将出土器物进行了归类整理，其中主要有妇好生前自己制作的器物，如刻有妇好铭文的百余件青铜礼器；刻有"司母辛"字样的王室和贵族为妇好做的祭器，以及其他一些贡品。

墓中出土的大批用于祭祀的青铜器引起了学者们格外的关注。商代人迷信鬼神，崇尚天命，那是一个盛行祭祀占卜的时代，因此在妇好去世后，为她举行宗庙祭祀活动是顺理成章的。按照商代礼俗，祭祀中奉献的祭祀品上应该出现供奉人的名字，比如刻有司母辛铭文明鼎应该就是她的儿子供奉的，可是在妇好墓中发现的大量青铜礼器上都刻有带"妇好"字样的铭文，显然这是妇好生前自己使用的祭祀礼器。那么，这是否意味着妇好除了王后的身份外，还有没有特殊的神职身份呢？在中国古代社会，祭祀是国家最重要的国事活动之一，掌握这项最高神职权力的祭司不但要具有广博的学识、崇高的地位，而且通过与鬼神沟通，还是国家大事的决策者之一。难道妇好竟然是拥有如此重要权力的祭司吗？

△ 妇好墓出土的凤纹玉饰

通过对甲骨文的破译，人们了解到妇好不但是一位祭司，而且她主持的祭祀活动无论从内容还是形式上看，都涉及到了商王朝的重大事件。她祭祀王室中已经去世的祖母，也祭祀至高无上的天地；在祭祀中她会用酒，也会用火；她会屠杀牲畜，也会屠杀俘虏。甲骨卜辞中提到：这一年，国家似乎发生了可怕的瘟疫，妇好受国王的命令举行祭祀大典。从卜辞中的一个字可以看出，一人手持棍棒，一人在进行抵御，根据专家的推断，这是一种称为"抵御疾病"的祭祀仪式，而且这一年的疾病一定非常严重，因为这个字的后面还跟了一个"伐"字，表明这一次妇好还举行了杀人的血祭。从卜辞中还可以看出，有一次妇好祭祀的是一口神泉，泉水和人们的生活以及作物的生长关系密切，因此祭泉一向是王朝的重大祭祀活动。甲骨文中还有"口好示五"这句话，这说明妇好用了五块龟甲。她在火上烧灼龟骨，骨片遇热表面开始出现裂纹，并且发出轻微的"卜卜"声，妇好聆听了神明的回声，将它们记录在了甲骨上。

原来，妇好不仅是一位王后，而且还是王室中一位学识超凡、地位至高的祭司。然而，令人感到迷惑不解的是，在中国古代社会中，主持祭祀的人必然有着不凡的社会地位和崇高的威望，妇好仅仅凭借国王配偶的身份恐怕难以担负起如此重大的职责。那么，她会不会还拥有某种超越王后身份的权威地位呢？

这时，一些与妇好的王后身份很难发生联系的随葬器物出现了。专家们在墓中发掘出大量的青铜兵器。青铜兵器的发现使所有人大为惊异，妇好竟然还与军事征战有关!

紧接着,墓中出土的另一件器物引起了专家们的高度关注。这是妇好墓中出土的一件铸有"妇好"铭文的大铜钺。在中国古代,从原始社会末期开始,军事领袖们率领自己的族民征战四方、开疆拓土,就是靠作战时手持斧钺,号令天下。钺无疑是最高军事权力的象征。妇好墓出土了4件青铜钺,其中一件大钺长39.5厘米,刃宽37.5厘米,重达9千克,钺上饰双虎扑嗜人头纹,还有"妇好"二字铭文。该钺并非实战兵器,而是妇好统帅权威的象征物。

回顾中国数千年的历史,能称之为将军的女性就已经是屈指可数,而能够像妇好这样,拥有钺这种长期以来中国最高军事统帅的象征物,并作为全国武装军队的统帅,恐怕算得上是绝无仅有了。她在商王武丁心中、在商代、在中国历史上独一无二的地位不是凭借身为女性的美丽、娇媚而取得的,她是凭借勇敢和睿智奠定了自己的王后基座。能够率军作战的王后妇好究竟是个什么样的人物?她又在武丁统治的时代扮演了怎样的重要角色呢?

三、征战四方商代女将军

今天的河南安阳小屯村是华北平原上一个普普通通的小村落,千百年来,人们在这片土地上世世代代重复着不变的劳作。他们很难想象,3000多年前有一位英姿飒爽的女将正是从这片土地上起兵开拔,她庞大的军队卷起了漫天烟尘,她威武的战旗布满了远近山峦。

那是公元前1250年,正是商王武丁在位期间。武丁是殷商的一代雄主,他在位的59年中,商王朝的国力日益强盛,频繁出征作战,先后征服了西北、东南的周边部族,极大地扩充了王朝的版图,史书中称这一商代历史上最繁盛的时期为"武丁中兴"。

在这样一个以武力征伐四方的时代里,在一位有胆魄有谋略的雄主身边,妇好这位王后竟然能够占据举足轻重的地位,给后世留下一个巾帼不让须眉的千古传奇,是何等的难能可贵。3000年之后,这位英勇王后的动人风采已无从目睹,学者们只能在甲骨文中热切地追寻着那段历史的真相。

在商王朝的北部,有两个强悍的游牧部族——土方和羌方,他们经常肆

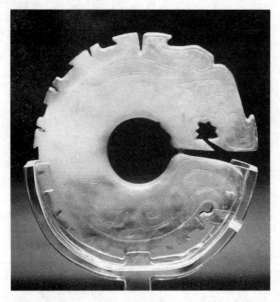

△ 妇好墓出的玉器

意入侵商朝边境，掳掠人口财物，是商王朝多年的心腹大患。甲骨文中说：那一年，距都城安阳正北1000多里的土方部族又来南下侵扰，这一次，国王武丁决定要狠狠地教训他们；他派出一位统帅，而这位统帅正是妇好。在卜辞中我们司以看到这样的记录："今年商王征集了兵员，准备命令妇好去征伐土方，能受到保佑吗？商王能命令妇好去伐土方吗？"

显然妇好有着杰出的军事才能，在她的军事生涯中，不仅频繁地参与国家的重要战役，而且常常统帅着规模庞大的军队。"贞，登妇好三千，登旅万，乎伐。"意思是说，妇好将军队由三千发展到上万人，去讨伐商王朝的夙敌——羌方，这也是甲骨文中所记载的商朝历史上最大的一次战争，一次就用兵1.3万人。

据甲骨文记载：战争之初，羌方入侵，两军遭遇，展开了一场殊死的肉搏战，战斗进行得十分残酷，双方死伤过半，依旧难分胜负。当时正在病中的武丁听到前方战报，心中焦急万分，食不甘味，睡不安寝，一夜之间生出许多白发。随侍武丁身边的妇好见状十分焦急，恳请武丁派她带兵增援前方，并且发誓不获全胜绝不收兵！武丁起初不肯，他不忍心让自己的爱妻去冒这样的生命危险。但妇好态度很坚决，在她的再三恳求下，武丁只好答应了她的请求。

妇好率军星夜奔赴前线，悄悄来到敌军后方，展开了强大的攻势。敌军腹背受敌，掉头扑向妇好的军队。妇好率先冲向声势浩大的敌军，她的英勇气概使士兵们备受鼓舞，个个奋勇杀敌。羌方军队大败，商军大获全胜。妇好在战斗中表现出的非凡勇气和谋略，赢得了士兵的尊敬。胜利后她押解大批的战俘凯旋，武丁惊喜之下亲自出城迎接，为她除去盔甲。回城后武丁还举行大型庆典为她庆贺，并且当众宣布妇好可以任意指挥他的军队！这说明武丁放心地将商王朝的前途命运都托付给了自己的王后。自此以后，妇好为武丁南征北战，屡建奇功，为商王朝的统治奠定了稳固而坚实的基础，也巩固了她在武丁王朝独一无二的地位。

这一切使妇好拥有了一个特殊的政治地位，有关妇好的卜辞中有多处这样的记载："妇好其来；贞妇好不至；乎妇好往于果京。"这些文字使今天的人们获取了这样一种信息：由于军功卓著，武丁还给王后妇好封了地，使她除了拥有王后、统帅的身份外，又成为了一方诸侯，拥有了自己的封地和属民，妇好因此时常回到王都觐见商王。在封地上，妇好独立地掌管着农事和经济，并按时向商王纳贡。在妇好墓中发现的上千件精美的青铜器、玉器和近7000枚在商朝作为货币的贝壳，都表明妇好拥有巨大的财富和极高的权力。

这样一个拥有特殊的王室身份、社会地位和军事地位的女人，由于她的行为往往能够决定整个王朝的命运，因此必然在武丁时期享有极高的威望，也就理所当然地在祭祀活动中成为了王朝的代言人。

今天，当人们再次穿越时间的长河，就会发现在中国的历史上虽然有许多杰出的女陛，但像妇好这样集王后、统帅、祭司、诸侯于一身的女性恐怕还一是绝无仅有的。这样一位极富传奇色彩的女性，在中国的史册典籍中却找不到记载她事迹的只言片语，是考古学家几十年来的不懈努力，才使得这位长眠于地下3000年之久的非凡女性终于拂去了历史的尘埃，让人们看到了她风采卓绝的真实面容。

自从1976年妇好墓发掘以来，人们还一直存有一个巨大的疑惑，为什么她的墓会出现在商王的宫殿区，而不是传统的王室墓葬区域。今天，虽然考古学家还没有进一步的证据，但是他们宁愿相信，3000年前，这里曾经发生过一个动人的故事。

妇好去世后，武丁非常痛心。也许是相爱至深，武丁无法离开逝去的妇好，他决定将心爱的妻子下葬在自己的宫室旁边，以便随时接近她、日夜守护她。然而，即便如此，武丁仍然觉得自己的守护力量不足以深达幽冥。他在妇好墓上建了一座纪念性建筑，古人称这种建筑为享堂。考古证据显示，享堂东西向房基恰好建于墓口之上，且房基大小与妇好墓大致接近，因此这座房基应该是有意识地建筑在墓上的，其营建时间可能在墓主人下葬后不久。一些甲骨文显示，从这时开始，武丁就率领儿孙们为妇好举行一次又一次的祭祀，还为死去的妇好安排了多次奇特的婚配。

"妇好嫁了么？""大甲已经娶了妇好！"

"妇好嫁了么？""成汤已经娶了妇好！"

"妇好嫁了么？""祖乙已经娶了妇好！"

武丁在甲骨文卜辞中急切地询问，他将妇好的幽魂先后许配给了大甲、成汤、祖乙三位商王朝伟大的先王，有了他们共同的照看，让爱妻在幽冥世界中享有无忧的生活，在戎马一生之后获得最后的安宁，武丁才可能放下心来。几千年过去了，享堂早已荡然无存，但是享堂遗存的基址却始终保护着妇好墓的安全，后来的盗墓者在挖到地基之后都无一例外地放弃了盗墓的行动，不再向下挖了。正是武丁的深情追悼，使今天的人们得以通过保存完整的墓葬解读一个来自遥远商代的传奇女性的一生。

妇好墓的发现曾经引起过考古学界的高度重视，因为它是半个多世纪以来殷墟所发现的唯一一座最完整、未经过盗扰的商代王室墓葬，并且墓主妇好的身份明确，年代清晰，是迄今唯一能和甲骨文记载相对照的王室成员，据此还可以推测小屯文化的准确历史年代。妇好墓蕴涵的巨大价值是当初所不曾料到的，日后它不息的光辉以及给王后妇好带来的备受后人尊宠的殊荣也都是令人始料未及的。

当21世纪的曙光照耀着安阳这座古老的城市，长眠在洹河南岸的妇好仿佛以她清澈睿智的目光穿越了历史的千古云烟，正安然地注视着这片她曾经生活过、征战过、眷恋过这片古老的土地。

曾侯乙墓之谜

古老的中国以其博大精深的历史文化吸引着一代又一代的考古学家们对其进行不懈地探索。公元前223年，秦灭楚，辉煌一时的楚文化逐渐湮没在历史长河中。当人们从历史记录中去寻找这个曾经强盛一时的王国时，一系列的谜团让人迷茫。楚国当时应统治着诸多的小国，而这些小国共同构筑了楚国的强大与楚文化的繁荣，了解这些小国的情况对研究楚文化具有极其重要的意义。但是，这些小国的情况却鲜为人知，历史资料记载极少，唯一可行的办法即在考古中去了解过去，体味历史。而小国的国君之墓会在何处，小国内的衣食住行情况如何，它们所特有的文化传统与楚文化有何区别？等等，这些令人迷惑的疑团随着湖北随县曾侯乙墓的发现而初现端倪。

一、繁杂浩大的发掘

随县地处湖北省中北部，居长江之北，汉水以东，是江汉平原与中原大地之间的过渡丘陵带。随县自古以来土地肥沃，物产丰饶，有着悠久博大的历史文化渊源。

历山，传说中为炎帝神农的家乡，即位于随县，这里遗留下了许多关于神农氏活动的踪迹，如神农洞、炎帝神农碑等。殷商时，随县是王朝的南土，这在殷墟甲骨卜辞上有着清楚的记载，同时，随县因其优越的地理位置，成为当时南北东西的交通中枢。在西周时代，随县成为周天子所封同姓诸侯的领地，这在一定程度上促进了作为侯国的随县的经济与文化发展。

1977年，中国人民解放军某部为扩建营地，在距随县县域西北约3千米处名为擂鼓墩的丘陵地带实施修建工程。施工人员因红砂岩坚硬，阻碍施工，就用炸药把红砂岩炸得粉碎，然后用推土机推平，结果，发现了褐色的软土，再往下则推出了青灰色的石板。施工人员立即停止施工，迅速向上级作了汇报，这一举措保护了曾侯乙墓的完整。

1978年，在多方努力下，经省地县勘察小组的联合考证，这里应是一处大型的古墓葬，并且墓中的木椁保存完好，墓坑并不似以往所发掘出四方形的墓穴那样，这一墓穴呈不规则的多边形，并且没有墓道，这在湖北境内尚属首例。考古工作者们不顾风雨，对石板及下部的白膏泥、木炭做了系统的测量，并绘制出剖面图，这些繁杂细致的工作对保护墓的完整性和使发掘工作顺利进行具有重要作用。

考古工作者们在发掘过程中最怕的就是盗墓贼，因为盗墓贼的贪婪会使墓穴遭到巨大破坏，会导致考古发掘工作者空手而归。果不其然，在发掘过程中，墓的中部有一个直径为0.8米的洞，且顺势往下。很显然，盗墓贼已经发现这个墓并进去了。盗墓贼往往会一挖到底，并把他们认为有价值的葬品一扫而光，这一情况给人们心里布下了疑团，也让几位勘测者有些泄气，如果是一座被盗空的墓，所有的努力都将付诸东流。但根据以往楚墓发掘情况来看，墓穴即使被盗，仍会留下许多陪葬品，而且考古发掘并不是仅挖宝物，墓坑、木棺及其反映的葬俗也是珍贵、极具价值的科学资料。在几番争论后，考古发掘工作继续进行下去。

发掘工作是艰难、细致、繁杂但令人兴奋的，而且整个过程就像一场攻坚战，这一过程需要大量的财力、人力、物力。经多方支持，发掘工作于1978年5月上旬正式开始。首先是清理填土，填土都经过夯打，异常坚固结实，并且填土是从别的地方运来，极少杂质。接着是清理填土下起保护作用的石板，这些形状不规则，重达1000公斤的石板更激起了人们对这座墓的好奇，在当时较为原始的技术条件下，运放这些石板并不是一件易事。石板向下是褐土与青灰泥相间的夯层，再往下是竹网、丝帛、篾席。木椁也随着发掘工作的深入，展现于世人面前。在木椁四周与坑壁的空隙里，填有大量木炭。清理木炭的工作非常紧张，它不仅必须严格按考古的要求完成资料工作，而且要保护木炭层下的遗物。考古人员和民工一铲铲地挖出木炭，共清理木炭31360公斤，至此，墓室的椁板全部显露出来。这时，考古人员发现那个盗洞继续穿过木炭层并在椁盖上留下一个不足0.5米的洞口。墓内文物究竟保存如何，只有等到椁盖打开之后才能见分晓。

吊车缓缓将每块重达数吨的椁板吊起运走后，人们并没有见到期待中的文物出现，只见盗洞下的淤泥和满室的积水。当盖板全部起出，才发现水面漂浮起10具彩绘棺。接着，考古人员就吊取彩绘棺，抽干墓中积水，并清除淤泥，一步步往下做。随着发掘工作的深入，一个巨大的、异常丰富的地下文物宝藏渐渐展露在人们面前。发掘人员连续作战，至5月30日，淤泥清理基本完毕，发掘出的大批文物令世人为之震惊。

二、奢华的地下寝宫

春秋初年，周王分封的诸侯国有140多个，大多是小国。在战乱中为了生存，小国经常会联合起来，以抗拒大国的侵犯。但是联合失败后，它们又纷纷依附于大国，成为大国的附庸。至战国中期，联合发展为合纵连横形式，政治联盟和联姻成为诸侯国间在战争中常用的外交策略。而联姻是在统治阶层中进行的。男女双方都出身于诸侯、卿、士大夫家族，女方为了显示其高贵的身份，均赠送青铜器为嫁妆，并于器皿上刻有铭文。曾国为楚国附庸国，公元前433年，楚惠王专门为曾国君主曾侯乙制造了礼乐器铜镈钟。曾侯乙将钟悬挂于宗庙编钟架凸出部位，以显示其政治地位。当时的楚国与中原保持了一定距离。楚国疆域南及沅湘，北至淮水，西到巴蜀，东连吴越，成为地方五千里，甲兵百万，粮食可用十年的大国，拥有多达62个侯国，曾国便是其中之一。地下寝宫的发掘证明了曾国与楚国有着密切的联系。

地下寝宫的墓坑方向正南，墓口东西长约21米，南北宽17米左右，总面积为220平方米。坑内置有木椁，高3米左右，分为北、中、东、西四室，且均为长方形。其中中室面积最大，长约9.75米，主要放置整架的宗庙编钟、编磬和其他多种乐器，并有大量的青铜礼器。编钟靠近西壁和中室南部，其他随葬品的摆放，井然有序，这充分反映了墓主人饮酒作乐的生活场景。整个中室仅东北角盗洞下方的遗物较少，其余地方则保持完整性，这应归功于墓室的积水。中室出土的青铜礼、乐器上均刻有"曾侯乙作"的铭文，说明这些器物为曾侯乙所有，而器物的庞大组合说明这是一处礼乐宫，主要用于祭祀和宴请之用。在古代，因过于依赖自然界以维持生存，任何一种自然因素，如过量的雨水，干旱，风暴均会影响古人的生活，为保护自身的生活资料，祭神便成为古人寻找与自然相调和的手段。湖北出土的大量文物证明了楚地信巫好鬼的传统。

东室长9米左右，为墓主的"寝宫"，放置着墓主的特大型双层套棺和8具陪葬棺，以及11具葬宠物的狗棺，这显示了墓主人奢华的生活和显赫的地位。还出土了一些以琴、瑟为主的乐器及以剑为主的兵器。楚墓出剑比例增多，显示了军功人士的身份变化。在东周时代，只有贵族才有资格配剑，因而早期只有贵族墓才有剑出土，但后期则在平民墓亦有剑出土。说明军功人士在楚社会成员比率的变化。墓中人骨经鉴定，墓主人为男性，45岁左右；陪葬的均为女性，年龄在13～25岁之间，尤以20岁左右居多。这些应是曾侯乙生前的妻妾嫔妃。

各室中面积最小的是北室，南北长为4.25米，主要放置大量的兵器、车马器、皮甲胄，有两件高1.3米、重300公斤的大铜缶用以盛酒，并有240多支竹简，简文记载的是用于葬仪的车马兵器，有自制的，也有赠送的。从大量兵器的发掘，可知楚国尚武风气之盛。西室与中室并列，长8.65米，主要放置了13具均为女性的陪葬棺，除了极少一些玩具与服饰外，再无其他葬品。

6月底，发掘工作基本完成，出土文物共有7000件之多，如此众多的文物，令人叹为观止。其中乐器1200件，包括编钟64件；礼器、宴器、杂器140件，而兵器最多，共计4500件，由此可一窥当时楚国强大的武力。随葬品还包括一些木制生活用具、金玉服饰等。史料记载，古时楚地身份较高的贵族以青铜礼器及成套乐器、车马器随葬。青铜礼器包括楚人特有的按单数成列的束腰平底鼎，其他鼎类多成双，有别于中原地区以单数组成的列鼎之制。如此众多的随葬品充分说明了墓主人曾侯乙的地位，因为此墓中的随葬礼器中有显示相当于天子之身份等级的九鼎八簋，以及编制庞大的编钟、编磬等，与在战国时期礼崩乐坏的情况下有僭越行为的列国诸侯的身份是相符的。由于受到楚国的保护，国内相对安宁，能够避免直接战祸，曾国的社会生产力才有了较好的发展，制造出的编钟、纺织品等具有较高工艺水平的产品。

三、别具一格的手工制品

在古代文献中，关于楚国及其附庸的记载很少，因此，具有大量珍贵文物的曾侯乙墓的发现和发掘有着重大意义。

青铜器是中国古代的统治工具和财富象征，因而成为各国争相发展的重点手工业。楚国的铜矿资

△ 曾侯乙铜冰鉴

源丰富，为各国所羡。今人在湖北大冶铜绿山和湖南麻阳九曲湾都发现了矿冶遗址，当时采矿已运用竖井、平巷、盲井、斜井等不同方式，而且冶炼方式的先进性令今人吃惊，由出土有水波纹状的炉渣中知道，冶炼炉渣的流动性非常高，其含铜量仅为0.7％，竟与现代粗铜冶炼的标准完全一致。曾侯乙墓能一次出土青铜器达100吨，所需冶炼矿石至少500吨，正是依赖楚地丰富的矿源和先进的冶炼技术。

曾侯乙墓出土的青铜器器种数量之多、器型之大、铸造之精、纹饰之美，保存的完整，在历来出土的青铜器群中独占鳌头。这批青铜器的材料主要为铜、锡、铅合金体，铜占80％左右。工匠们很好地掌握了合金的特点和各种原料的配比，因为纯铜质地太软，大型器具很难成形，而锡、铅恰好硬度大，熔点低，工匠们把三者结合起来，就制造出了既精美又实用的器皿。从曾侯乙墓出土的大量青铜器来看，工匠们采用熔模法（失蜡法）制器，这把中国使用熔模工艺的时间从汉代提前到春秋中晚期。出土的这些青铜器体积较大，重量较重，有5件超过了100公斤，另有两件大尊缶是迄今发现的东周时期最大最重的酒器。如此巨大，造型复杂的器皿往往采用分段烧铸再拼合的工艺，器皿的耳、足及饰物则采用先成形后嵌入主体器皿浇注或焊接上去的办法。令人吃惊的是，铸镶法首次发现于曾侯乙墓的青铅器上。铸镶法

就是把原来的器皿上镶入红铜纹饰，改成置于铸范内与器体一次浇铸，这很好地避免了嵌入红铜纹饰易脱落的现象，是当时青铜冶铸技术进步的典型例子。曾侯乙墓出土有20件鼎，有圆腹、双附耳、三蹄形足3种基本形状。按其形制，这些鼎又可细分为3种样式：第一种为形体巨大的大鼎；第二种为束腰平底鼎；第三种为盖鼎。束腰平底鼎即春秋时有名的"楚王问鼎"中的升鼎。升鼎是王权的象征，商灭殷，周灭商，都是得到了前朝的升鼎才算真正的灭国。曾侯乙使用九鼎，证明了当时的礼制已遭破坏，天子威严已不复存在。

在出土的这些青铜器中有一件造型精巧、结构复杂的尊盘。中国自古就是一个好酒的民族，统治阶层更是常常饮酒作乐，在这种情况下，一些精致的酒器也就应运而生了。尊是一种盛酒器，盘则是一种盛水器，出土时，尊盘浑然一体。以结构来看，由本体、龙形附件和透空附饰三部分组成，分别采用浑铸法、分铸法和熔模法。熔模法构造出的透空附饰，是由表层纹饰和内部多层次的铜梗支撑，而内层铜梗又分层联结，构成了一个千丝万缕的整体，寓变化于整齐之中，达到了玲珑剔透的艺术效果。它是此墓中除了编钟外最珍贵的文物，在所有传世和出土的商周青铜器中，也是令人叹为观止的一件杰作。人们在惊叹它精美的同时，不禁要问：在制作工具很简陋的时代，这些错综复杂的纹饰到底是如何制造出来的呢？研究表明：尊分4个部件，通过56处铸焊而成一体；盘分38个部件，通过44处铸焊而成一体。镂空附饰的铸造即采用了熔模法，此工艺在20世纪仍用于制造精密的机械零件。

熔模法工艺，是先将易熔化的黄蜡制成蜡模，然后用泥浆多次浇淋，并滗上耐火材料使之硬化，做成铸型，再经烘烧使黄蜡熔化流出，形成模腔，最后浇铸铜液成器。曾侯乙尊盘是中国第一件得到科学鉴定的熔模法所铸标本，将中国使用这种先进工艺的历史提前了200多年。

漆器是指表面髹漆的器物，胎骨有木、竹、苎、丝麻等多种，以木为主。漆器最早见于浙江河姆渡新石器时代的文化遗址。商和西周时期，漆器制作讲究，绘有雕花，镶绿松石、蚌泡、玉。纹样有饕餮、雷、蕉叶等。在曾侯乙墓出土了大量纹饰华丽、器体较大、制作古朴的漆器。这批漆器也是

△ 曾侯乙墓出土彩绘棺漆画

先秦墓葬中迄今发现最多最好的。当时楚国西部有很多漆树林，漆原料极其丰富，加上南方湿润的环境易疏松陶质器皿、锈蚀铜器，故楚人除将漆器作为礼器外，还广泛用于生活、乐器和葬具。此外，许多陶器、铜器也往往髹漆，如在铜镜的背面、铜尊的内壁。曾侯乙墓出土的漆器彩绘和雕刻以鸟兽形纹、几何纹和龙形图案为主，大多是木制生活用品。这些生活用品包括衣箱、食盒、餐具、梳妆用品等，其中以5件衣箱和1件鸳鸯形盒的彩绘最为出色，透雕或浮雕以4件盖豆和1件禁器见长。

衣箱，从刻文和文献资料分析，应为宫内后妃所用之物，由此大致可推断东室的陪葬棺为妃嫔陪葬棺。衣箱周身彩绘图案，其中又以箱盖图案最为丰富多彩，有的绘上传说"后羿弋射"图，有的绘上神话"夸父追日"图，或绘上简单几何纹和龙形兽形纹样。其中最珍贵的是箱盖上绘有二十八宿名称和青龙白虎抽象图案的衣箱，它对研究我国古代天文学具有非常重要的价值。

木雕鸳鸯形盒似一只鸳鸯，头部雕琢形象逼真；领与身交合处做成活拓，使鸳鸯头颈能自由转动；鸟翅上翘，尾平展，足蜷曲。器身上下两半交合，背上开长方形孔，内部雕空放置东西，上用浮雕龙纹的长方形盖扣住。全器施黑漆彩绘，每个部位的色彩与图案各不相同，主要绘几何纹和简单的龙纹。最别致的当属鸟腹两侧中心的两幅极精彩的漆画：右侧为两兽共一人击鼓起舞图；左侧画面则为两马衔悬挂二钟二磬的编乐器，一似鸟似人者正在击钟。两画皆形象生动，简洁明快，极富观赏性。

有盖豆和禁器从形制到纹饰都模仿青铜同类器，然而精致程度有过之而无不及。盖豆器身由整木挖削成型，然后细致地雕出龙纹方耳（内、外、顶、两旁五面的龙纹形态各异，连龙的耳、目、嘴、角、鳞、爪都刻画入微）、圆弧大把手，并施黑漆彩绘。4件盖豆制作都相当精致，尤其是盖及耳上的仿铜浮雕和满身鲜艳的彩绘，使得整件器具的外形变得非常生动活泼。禁器横截面呈方形，也由整木制成。面板附8个龙形角饰边饰，其中四角各为双龙，四边当中各为一首双身龙。面板图案分成兽，全身以黑漆为底，朱绘花纹。两器雕与绘完美结合，图案纹饰也相互配合，但不放置一处，原来是否成套就不得而知了。曾侯乙墓出土的漆器是现今所见的先秦最早最重要的完整漆器之一，许多器型如衣箱、食具盒等为此墓独有，彩绘简单中不失别致，尤其是多种龙的生动形象，在先秦漆器中是非常少见的。

曾侯乙墓共出土了5012件漆器，由此可见，楚人在日常生活中使用漆器的范围远远超过了中原地区，其古朴的风格、精良的制作工艺使漆器成为楚文化的特色，也反映出战国时期漆器的空前繁荣，品种庞杂，工艺水平高超，而且管理非常专业化。据云梦出土的秦简（《秦律杂钞》所载），若漆园被评为下等，负责人便要受到严厉的惩罚。在各地楚墓中经常可见器型相同、制作规整、纹样一致而缺少个性的作品，这可能就是漆器生产出现专业化的结果。

春秋战国时期金银器极少，曾侯乙墓出土的金器数量甚少，有一些为墓主生前实用之器，如腰间的4个皇带钩，皆为黄金铸成，制作精美，在灯光下闪闪发光，令人爱不释手。经检测，其含金量在90%以上。同时发现了一件金制酒器，是带盖、方唇直口、浅腹平底矮足，双环耳名"盏"的酒器，是迄今为止出土的先秦金器中最大最重的一件，重约2150克。

考古人员从墓主人尸骨周围清理出500多件玉饰品。因为先秦诸侯下葬时往往头戴饰满珠玉的冠帽，身挂佩饰。从它们在棺内的位置及与死者的关系来判断，可分出两类：一类为墓主人生前用品；一类是死后的陪葬品。按照当时的风俗或礼仪，用来陪葬死者的玉器为"墓玉"，是专门为了保存尸体而制。墓中出土的玉器大部分制成了种种动物形状或雕绘纹饰，玲是这批玉器中最精彩的部分。冶，即上置于口中的玉器，这位墓主人口中竟含了21件玉雕动物，如玉牛、玉羊、玉鱼等，迄今仅此一例。尽管这些器物小如豆，却都刻画出细如发丝的线条，特征明显，比例协调，栩栩如生。曾侯乙墓出土的玉缨是一件16节的龙凤玉挂。龙凤自古就是帝王和王妃的象征，曾侯乙的许多佩饰就是两者的形象。这件玉挂通长48厘米，宽8.3厘米，厚0.5厘米。全器用玉料5块，每块之间用活环或玉销钉串接，可自由卷折，第一节顶端穿孔套在冠上，全器为一变形龙。各节分别透雕成龙、凤或壁、环状，并两面相似雕刻或阴刻这些龙凤的细部，或加刻龙凤蛇和谷纹、斜线纹等。整件玉挂集透、平、阴雕等玉雕技艺于一身，共刻有大大小小的37条龙、7只凤及10条蛇，皆栩栩如生，玲珑剔透，实为古代玉雕之精品。另一件罕见的玉雕精品为四节龙凤玉挂。它由一块玉料透雕而成，分四节，以三个椭圆形环（中环活动）串连，能折卷。各节为左右对称的龙、凤透雕，两面用细如发丝的线条阴刻龙凤细部或蛇纹，共刻有7条龙、4条凤和4条蛇，布局严谨，造型美观。

在以农业为主的社会里，为了确定季节与农时，特别重视天文和历法的观测。楚人祖先祝融曾任火正，是观测天象之官，故楚人对天象历法的研究，由来已久。现存的楚帛书中，记载了楚人观察天象和确定季节的历史。在曾侯乙墓东室西南角靠近主棺的地方，出土了一件髹漆衣箱。箱长82.8厘米、总高44.8厘米，内壁朱漆，外壁黑漆，黑漆上绘有朱漆纹样。箱盖面一端绘青龙，另一端绘白虎，中心朱书一个象征北斗星的大"斗"字，围绕"斗"字，按顺时针方向排列一圈的是篆文书写的二十八宿古代星名。这是我国迄今所发现的二十八宿全部名称的最早文字记录。

我国古代天文学家在观象授时的基础上，为了进一步对日月五星的运行及位置作系统观测，绕天一周选取28个星座作为观测标志，叫做二十八宿。它的出现，对日月五星运行周期和运行轨道的测定，对编制较为准确的历法，以及对恒星的观测和天区的划分等，都起了重要的作用，这次衣箱盖上的二十八星象图的发现，是二十八宿完整名称的最早出现，也是二十八宿与四象（青龙、白虎、朱雀、玄武）相配的最早记录，表明了北斗星在我国古代天文学中的特殊重要地位，把我国二十八宿全部名称的可靠记载提前到了战国初期，对进一步探讨中国二十八宿的起源，提供了十分重要的线索和资料。

四、旷世奇观的古代音乐圣殿

楚国巫风浓厚，楚地自古又是音乐之乡，音乐在巫术中扮演了沟通人与神鬼世界的角色，祭祀必以歌舞以乐诸神。

《左传·成公九年》及《定公五年》记载有乐官钟仪、钟建二人。钟仪曾说"乐"是其先父之职。先秦时代，被视为国家要职的天文、史官、巫祝等皆以世袭形式出任，因而楚国有世袭专职乐官，这说明了音乐在楚人生活中的重要性。

曾侯乙墓出土的数量众多的青铜礼器和乐器在当时引起了轰动。这些编钟及其他古乐器的出土，是中外音乐史上的一大奇观。乐器或由青铜构件和木石构件混合组成，或由木竹制成，共125件（套）。其中的编钟，是目前中国出土乐器中规模最大、质量最佳、完整性最好、音律协奏性最高的顶尖精品。

对中国音乐史研究贡献最大的应是曾侯乙墓中出土的编钟和编磬。编钟是中国具有悠久历史文化的打击乐器，由青铜铸成，依大小和音高为序。编钟悬挂在钟架上，演奏时以小槌或木棒敲打而鸣。曾侯乙墓出土的整套编钟由钟架、编钟和演奏工具三大部分组成，计有青铜编钟65件、挂钟铜构件65件、大型钟架1副、作为演奏工具的棒或槌8件。更为珍贵的是，整套青铜编钟出土时仍依照当时演奏时放置的原样排列，可使现代人一睹2400年前演奏时的盛况。

△ 曾侯乙编钟

编钟的钟架为铜木结构，由立柱和横梁搭架而成，长架长约7米，高约2米，短架长约3米，高约2米。整个钟架由6个佩剑的青铜武士和6根圆柱承托。又分上、中、下三层。6个铜人皆造型端庄，神志肃穆安详，口、鼻、耳刻画细腻，着长袖曳地长袍，细腰束带。虽整组编钟重达2500公斤，但现场试奏时仍不见晃动。

镈傅是编钟中体积最大的，只有一件，呈椭圆形，表面铸有铭文3行共31字，内容主要是记载它的来历。此镈傅最大的意义在于所刻铭文使考古学家能比较准确地确定墓葬的时间，即公元前5世纪左右。

甬钟共45件，下层13件体积较大，有3件挂在短梁上；其余32件置于第二层，短梁上有11件。最大者高153.4厘米，重203.6公斤；最小的高约50厘米，重约15公斤。钟体上窄下宽，表面分布18个枚，枚间空隙处和上部雕满龙纹。

编磬是另一件组合乐器，由架、磬块、挂钩和槌构成。由于长期浸泡于水中，石质已溶蚀损坏，所以不能测音。但精美磬架保存完整，磬架由青铜制成，双层结构。由两只鹤状怪禽（由多种动物形体构成）支撑。圆立柱身全是错金花纹。磬块共32件，分列4组。磬面刻有文字，约700字，为音律、音阶的名称和编号。

除此之外，出土的乐器都是单体乐器，有鼓、瑟、箫、笙和琴等。箫是用13根依次缩短的细竹管并列而成，再用剖开的细竹管缠缚而成。出土时，其中一件有七八个箫管可以发声。笙则以葫芦做笙斗；以细竹为笙管，管内有竹质的簧片。瑟由整块木料雕成，腔体完整，彩绘十分精美。鼓的皮面已朽烂，仅存鼓腔。鼓中的精品是一件建鼓，鼓座由青铜制成。此鼓应为作战时激励士气所用，所以体积特别巨大，形体也相当精致。

还应讲一下钟铭，在曾侯乙墓出土的钟铭共3755字，刻于钟体、钟架和挂钟构件。钟铭字体纤秀，运笔细匀流畅，比较规整，字体随钟体大小而变化，布局精致。铭文内容可分为记事、标音和乐律关系三部分。除钟体铭文外，仔细观察，才能发现钟架的木质横架上也有铭文，约180字，是悬钟位置的标记，便于挂钟时能对号入座。另外，编磬亦有约800字的铭文，包括记事、编号、标音和乐律关系。这些铭文实际上就是一部中国古代乐理专著，它的发掘与研究，使中国音乐史上许多长期争论的问题得以解释。曾侯乙钟铭为现代人揭开了先秦乐律学史中光彩夺目的一页，因为钟铭所使用的乐律学术语，表现出相当精密的程度。这些乐律术语约有2/3不见于过去的乐律学著作。

1979年，在中国历史博物馆大厅里，世界名曲贝多芬第九交响乐《欢乐颂》的优美旋律，时而清脆明亮，时而深沉浑厚。它既不是钢琴的弹奏，也不是提琴的弦响，更不是铜管的鸣号。这旋律发自有两千多年历史的巨型青铜打击乐器——曾侯乙编钟。

曾侯乙墓出土的编钟及其他乐器的学术价值已为世界所公认。它说明早在战国早期，中国就已具有丰富多彩且较为完整的音乐文化。如今，复制而成的曾侯乙乐器已能演奏各种曲乐，使世人重新感受到中国古老乐器的迷人魅力。

沅陵巨型古墓群之谜

2000年5月，有关专家曾对湘西大山区沅陵县的40多座大小山头进行了测试，结果惊奇地发现每座山头都是一座巨型墓葬，其年代在战国至汉代之间。墓葬规模大致在40米×40米、20米×15米左右，大部分墓葬规模超过了长沙马王堆汉墓（20米×17米）和1999年全国十大考古发现之一沅陵虎溪山一号汉墓。

巨型古墓因保护技术不足，发掘资金匮乏，故一直没有打开。考古专家称，古墓除个别山头有少许塌陷外，均没有被盗。一个个硕大的问号在人们的脑海中浮现：沅陵曾经是一个怎样神奇的地方，为何会有如此巨大的墓葬群？

太常乡窑头村是一块类似半岛的土地，沅水到此恰好拐了一个弯，使这里成为三面环水之地。这里就是秦时黔中郡的遗址，占地6万亩。放眼黔中郡遗址东南面山顶，有一座座山丘，每一座山丘就是一座巨型墓葬，气势非凡。

专家们又将古墓与黔中郡联系起来。为什么古墓会在黔中郡故城遗址旁边？

关于黔中郡，史学界有两种说法：一说是秦始皇置分天下为三十六郡之一的黔中郡；一说是公元前277年，楚立黔中郡，比秦始皇统一中国还早半个多世纪，但在西汉初年改为武陵郡，仅存75年。虽然两种说法的置郡时间不一，但有一点是相同的，即郡城都为太常乡窑头村，与志书所载"郡城在城西二十里"相同。

20世纪80年代中期，省、县两级考古队在巨型古墓葬山下的那片平原挖出了战国古城遗址，探明黔中郡故城遗址占地6万多平方米，城墙深埋地底，小部分至今仍凸出地面二三米，考古队剥离出了当年夯土城墙的原貌，城墙厚约8米，护城河轮廓清晰，基本保存完好。

在对故城进行部分发掘的过程中，出土了大量战国时期的绳纹板瓦、滴

水瓦当、陶钵等物品；并在故城周边小丘陵上发现1000多座战国时代的平民墓，对其中200多座进行发掘，出土了大量的铜戈、铜镜、铜箭镞等陪葬品。

△ 沅陵窑头巨型古墓群

有的考古专家认为：这一座浩大的秦始皇时代城池和1000多座古墓葬，构成了一幅秦时代的历史画卷，无异于"江南秦始皇兵马俑"。

因此有人认为，无论黔中郡属楚属秦，古墓产生的时间应在郡治时间之内，墓主很可能就是郡王。但这只是一种推断。

还有一种可能，即墓主为夜郎王。因为在战国至汉代的数百年间，沅陵有很长一段时间为夜郎古国的文明中心。

近20年来，沅陵重大考古发现接二连三，出土各类文物万余件，大部分为春秋、战国时代遗存。近两年仅发现的战国至汉代的墓葬就多达1300多座。这也说明在商、周、秦、汉时期十分繁荣，沅陵且为兵家必争之地，战乱频仍。

沅澧流域还是我国稻作文化的主要发源地，可考的历史近7000年。可想而知，战国时期沅陵农耕十分发达。有人说他们能耕田是被逼出来的，因为他们要供养庞大的军队。汉王朝"窃闻夜郎部所有精兵，可得十余万"足见一斑。既然沅陵曾是夜郎古国的文明中心，而沅陵有夜郎王的陵墓也在情理之中。

成吉思汗陵探秘

　　成吉思汗原名铁木真，1167年出生于鄂嫩河畔，当时蒙古尚未统一，他13岁即承继父亲为部族首领，1204年灭乃蛮部，统一大漠，两年后在斡难河源被各部推举为"成吉思汗"，意即"非常强大的统治者"，并建立蒙古国。

　　一代天骄成吉思汗的陵园，建筑在美丽、辽阔的鄂尔多斯高原上。在那静静的蓝天、白云、黄沙、草地之间，三座蒙古包式的宫殿伫立着。有明黄的墙，朱红的门，金黄色的琉璃宝顶，一派雍容、典雅、庄严的气象。成吉思汗陵为什么会建在这里呢？传说他最后一次率兵西征西夏时，路经蒙古西南部高原（鄂尔多斯高原），正值春光明媚的时节，草长云飞的迷人景色深深吸引了他，正当他神迷于物外的时候，马鞭忽然坠地，他沉思许久，止马不前，无限赞美而无奈地说："我看这里很美，死后就把我葬在这里吧。"结果，次年他就病死在军中。他的遗体由诸王和那颜（蒙古贵族首领）按照他生前的愿望，千里迢迢运到这里安葬。从此，便把这里命名为"伊金霍洛"，意即"主人的陵园"。

　　但这并不是他的真正意义上的陵墓，这里并没有他的遗骨。这个谜说来话长。成吉思汗名叫铁木真，一生坎坷。9岁时，父亲被世仇塔塔尔人毒死，他成了孤儿。他逃亡过、潜伏过、被捕过、曾被人当众羞辱。这些人间痛苦磨炼了他的意志，把仇恨化为力量。他小心翼翼地积聚力量，收罗父亲的残部，培植亲信。短短7年间，他横扫塔塔尔部、克烈部和乃蛮，一跃成为当时蒙古各部中最强大的首领。1206年，在"忽烈而台"大会上，他被各部贵族一致推举为全蒙古的大汗，命名为"成吉思"，后人称他为"成吉思汗"。成吉思汗的一生是在马背上度过的。他能征善战，所向无敌，四处扩张。他首先向南扩张，降服了西夏。接着攻陷了金国的中都，然后挥师西进，直达中亚、东欧，把中亚古国花剌子模的国君，逼上了里海的荒岛，再向东击溃了俄罗斯军队，把疆域扩张到顿河一带。1226年，成吉思汗再次攻打西夏。第二年，在即将攻克西夏首都之前，逝世于行营中。成吉思汗将汗位传给他的孙子忽必烈。

成吉思汗为统一中国、建立元朝奠定了基础。他的蒙古铁骑震撼了世界。但是，他的陵墓何在呢？

按照蒙古民族的遗俗，他们的君主无论死在何地，他的遗骨都必须送到他们的祖先的发祥地漠北去。据《元史》载，"成吉思汗葬起辇谷"。所谓"起辇谷"，大概是肯特山脉中的一道山谷。"辇"是古时帝王乘坐的车。"起辇"就是说，成吉思汗从这里乘车，起步，先统一蒙古各部，再建成横跨欧亚大陆的蒙古汗国。可惜，这个"起辇谷"年久失传，早已湮没无闻了。另据《多桑蒙古史》记载，成吉思汗的墓地在斡难、怯绿连、秃剌三水发源之不儿罕合勒敦诸山之一山中，可是这山既没栽树，又无标志，群山莽莽，四顾茫茫，哪里寻觅呀！为了祭祀成吉思汗，后来的蒙古人为他建立了一座马背上的陵园："八白室"。所谓"八白室"，就是八座白色的毡帐。毡帐里供奉着成吉思汗的遗物，象征着墓地。这样的陵园既便于迁移，也便于祭祀，很符合游牧民族到处迁徙的特点。"八白室"迁移多处，起初在肯特山一带的蒙古高原上，后又移到黄河河套一带，最后迁到鄂尔多斯高原，现在的地点在伊金霍洛旗。"伊金霍洛"在蒙语里就是"主人的陵寝"之意。成吉思汗墓地之难寻，原因其实很简单。从传统上看，蒙古人是游牧民族，迁徙频繁，瀚海无垠，黄尘弥天，建了高大陵寝也会被沙丘掩埋。所以，该民族是薄于"墓葬"而奉行"天葬"和"野葬"的。无论是天葬或是野葬，不外乎是将尸体暴露于荒野，最好被鸟兽食尽。蒙古的王公贵族身份高贵，当然不行"天葬"、"野葬"，但也遵循"墓而不坟"的古训（深埋地下为"墓"，隆起地面为"坟"），成吉思汗的陵墓也只能按传统深埋于地下。

再从当时现实看，成吉思汗是在战争中去世的，即将攻克西夏都城的紧要关头，如果大汗去世的消息传了出去，势必会动摇军心，而给强敌以喘息和反攻的机会。所以，当时，成吉思汗为了骗取西夏早日投降，留下遗嘱"秘不发丧"。待西夏投降后，才由一支秘密骑兵部队护送灵柩到预定墓地。据说，到达墓地把灵柩深埋之后，还把原来地面上的草、木、石等还原，不留一点痕迹。并用群马在墓地上任意践踏，使之平整，再在上面当着一匹母骆驼的面杀死它的小骆驼，然后，派支部队远远守护它。等第二年青草长起，四周的大草原绿成一片，无法分辨了，才拔营撤走。为什么留下母驼呢？据说，骆驼有辨识自己血亲的天性。将来要寻成吉思汗的墓地时，只以母骆驼为先导，就能找到小骆驼死的地方——那里的地方就是大汗的墓了。

成吉思汗在13世纪时曾叱咤天下，他是人类历史上最著名的征服者，但他无法征服死亡。成吉思汗死后被神秘下葬，据传有2500名工匠为他打造陵墓，墓成之后，所有的工匠被400名士兵在秘密地点集体杀死，随后这400名士兵全被处死，并且每个人的耳朵都被割下，以证明他们身首异处。于是，成吉思汗陵成了永远的秘密，没有人知道它在哪里，就更没有人知道它有多少稀世珍藏……

2001年，一支由美国和蒙古考古学家组成的探险队伍宣布，他们在蒙古首都乌兰巴托东北322公里处发现了一处由60个坟墓组成的大型墓群，其中很可能包括元太祖成吉思汗的陵墓。由于成吉思汗之陵至今仍是世界考古界之谜，且从未被人发现过，是年8月17日，美国媒体纷纷报道这一惊人消息后，几乎全世界的考古人士和历史学家都为之震惊和振奋。

据报道，这支探险队是由美国业余考古学家穆里·克拉维兹率领的，其中不乏世界顶尖考古人士，包括国际野外博物馆亚洲人类学馆长贝尼特·布朗森、美芝加哥大学中东史学教授约翰·伍兹、蒙古科学院院士沙格达伦·比拉封等，整个探险行动从年初启动，计划在3年内找到成吉思汗陵。

被发现的大型墓群离乌兰巴托只有10小时的车程，邻近俄罗斯边境，位于一片被茂密森林完全覆盖的偏远地区。墓群一面靠山，另外三面被高墙围住。围墙全长有近3.5公里，高平均有3米，最高处达到3.6米，全用大型石块垒起，没有断口。在围墙内部有上下两层墓区，上层墓区有20座未被破坏的陵墓，从坟墓的建造工艺和大小判断，应该是元朝贵族的陵墓，下层墓区有40座坟墓，也是完好无缺，规格比上层的20座墓稍低一些，但也十分考究，绝不是寻常百姓之墓。上层墓区和下层墓区之间有一条隐约可见的古道连接。

另外，探险队在墓群附近发现一些陶瓷的碎片，根据年代分析，这些碎片的年龄可追溯到成吉思汗出生的年代，从而判断该墓群建成的时间应该与成吉思汗生活年代相吻合。另外，墓群位置在成吉思汗生前很多重要事迹发生地附近。克拉维兹对新闻界表示，成吉思汗的陵墓极有可能在这一墓群之中，因此他们的发现已经"十分接近成功"。

蒙古历史学家称，如果克拉维兹带领的探险小组真的找到了成吉思汗的下葬地点，这次发现将让发现失落的特洛伊城和出土图坦卡蒙陵墓的轰动效应相形见绌。图坦卡蒙是古埃及第十八王朝国王。英国埃及学家H.卡特于1922年发现了其陵墓，轰动了世界。发掘时墓室完好，内有全棺、法老木乃伊及大量珍贵文物。

蒙古专家的预言让这次探险活动更令人怦然心动。一位不愿透露姓名的专家猜测，成吉思汗的陵墓里可能埋藏着大量奇珍异宝，比图坦卡蒙国王陵墓里出土的宝物绝不逊色，里面的工艺品甚至会比秦始皇陵出土的兵马俑还要壮丽丰富。

克拉维兹在2001年69岁，是一名芝加哥的执业律师，但对成吉思汗的狂热使他成为了一名业余考古人士。

他从20岁的时候就迷上了成吉思汗，当时他在驻德美军服役，一个偶然的机会，他看了哈罗德·兰姆的传记体小说《成吉思汗，全人类的帝王》。从此克拉维兹对成吉思汗着了迷，他开始收集与成吉思汗和元朝有关的书籍，迄今共收集了600多本，称得上一个小型的成吉思汗图书馆。

除收集外，40多年来，克拉维兹还对成吉思汗的一生进行了认真的研究。他曾拿出自己的全部积蓄在蒙古生活了6年。

克拉维兹曾经说："过去我不敢说，但现在我可以非常自信地向全世界声明，世界上可能没有哪个人能比我更了解成吉思汗，而且我禁不住要说：

'成吉思汗，我真的了解你!'"

克拉维兹于年初向外界宣布将组织一队探险人员，寻找成吉思汗之墓。计划一经公布，立即引起不少投资者的浓厚兴趣。克拉维兹在选中几位值得信赖的私人投资者后共募集到120万美元的探险经费。出发那天，他豪情万丈地说，将在3年内找到"世界上最伟大的遗迹"。

似乎从他这里，我们拥有了一个很大的期望。但是从一开始，天骄似乎就给他们制造了不小的难题：开始，克拉维兹兴冲冲地向蒙古政府提交了探墓申请和详细计划，却被蒙古政府当头浇了一盆冷水。原来蒙古人对成吉思汗十分敬重，向来抗拒外国人进行任何考古研究发现。他们认为这些所谓的探险家其实只是披着考古的外衣来搜罗宝藏。

但克拉维兹并没有灰心，他拿出自己曾在蒙古生活过6年的事实让蒙古人相信，他是真对考古着迷。另外，他一有机会就和当地学者和官员举行会谈，以详细的考古计划征服了不少考古学者。最终他打消了蒙古人的"淘金顾虑"，赢得了当地政府的同意。

到2000年夏末，考古小组便把考察的范围缩小到三个地点。

第一个地点是一座传说中埋葬成吉思汗的山。可这座山并没有给他们任何惊喜；第二个地点被命名为"穆里"，因为这是穆里·克拉维兹自己研究的结果。考古小组总共在这一地区发现了150座不同时期的古墓，但最后证明都不是成吉思汗陵。最后，他们在探险途中偶然认识了一位60多岁的牧羊人。牧羊人说自己接受父母的命令，几十年来一直在看护着一堵石墙，因为他的父亲告诉他，那里埋着一位重要人物。在牧羊人的指点下，克拉维兹找到了这座围墙，令他意外狂喜的是，围墙内竟有60座坟墓。

如果克拉维兹的探险小组真的发现了成吉思汗之陵，蒙古国政府会让他们惊动这位沉睡的帝王吗？答案恐怕并不那么乐观。在蒙古境内，几乎所有的古迹都是未开发的，全国境内没有任何地方进行过考古发掘工作。蒙古国政府对考古工作向来不是十分重视，因为一方面，据该国萨满教的传说，如果打扰地下的亡灵，会影响整个民族的兴旺。另一方面，基于技术、资金、保护手段等各方面的限制，蒙古国从未进行过大规模的考古挖掘。

探险小组只从蒙古政府那里获得寻找墓址的权力，但没有获得任何挖掘权。据称，考古队已着手向该国总理和隶属蒙古科学院的两名考古队员进行游说，希望可以在近期展开初步的挖掘工作。

然而蒙古全国上下都有一个禁忌，即不能打扰地下的人。探险队成员布朗森在寻墓活动开始前就已说过，"如果我们敢把铲子铲到地下，那谁都别想活着离开蒙古"。另外，如同所有人估计的那样，成吉思汗陵内肯定会有令人惊叹的珍贵葬品，价值连城。蒙古国政府曾限制过任何外国组织在该国境内进行任何挖掘活动，恐怕也正是出于保护财宝之意。因此，克拉维兹的探险组织要想获得挖掘权并不容易，但如果不进行挖掘，就永远无法找到成吉思汗陵的真正所在。

事实上，最后也没有能够找到天骄安息的圣地。

成吉思汗陵墓之谜吸引着世界无数考古人士，不同国家的人都曾尝试人们一直希望过寻找该墓，有人曾宣布有惊人发现，也有人无功而返。

考古学家曾经声称在新疆北部阿勒泰山脉所在的青和县三道海附近发现了一座人工改造过的大山，极可能是成吉思汗的葬身陵墓。当时，研究人员称，山面南背北，左右各有一湖，湖间有人工河相连，该山体一半明显被人工改造，许多从土中突出的石头与山岩并不似自然；另发现了一些陪葬之物，但此说法没有得到证实。

有考古学家估计，成吉思汗真正葬地应在蒙古国的乌兰巴托附近的肯特山脉的一个山谷里，实际地点已无法考察。当地的考古人员曾寻找过，但山谷林深树密，没有任何发现。

日本研究员曾在20世纪90年代以卫星设备在蒙古全境内进行过地毯式考察长达3年，但最终无功而返。

最终，一代天骄仍然在某个地方安息着，没有人去打扰他的休息，或者在长期的征战中，他累了，也不希望我们去打扰他吧。

绕在缙云古墓上解不开的谜

缙云一处明朝古墓群已经被发现。古墓的5个墓穴紧紧相邻，且一字排开。墓穴里有木炭、砖头，古人的尸骸却不见踪影，只给后来掘墓的人留下一面菱花铜镜和5只青瓷小罐，以及一团难以解开的谜。

一、拖拉机后轮"碾出"明朝古墓

在缙云东渡镇坑上村，邻村的一名村民正"突突"地开着拖拉机帮坑上村一家人运送红砖。当拖拉机开至坑上村村中央——一个叫"坟墩"的晒谷场卸货时，突然，拖拉机的一只后轮陷入了地面。大伙儿七手八脚地把砖头卸下后，天色开始慢慢地暗了下来。

第二天早上，有早起的村民去晒谷场昨天拖拉机卸货的地方看个究竟。因为在村民看来，晒谷场本来又实又硬，最近一直没有下雨，晒谷场应该能承受得起拖拉机的重量，可是拖拉机怎么会陷下去了呢？该村村民发现拖拉机后轮陷下去的地方有个黑糊糊的洞。村民好奇心大起，忙跑回家拿来锄头一挖，竟发现地下掩埋着一个用条石砌成的石室，石室顶部覆盖着的条石已经裂开，而昨天拖拉机的后轮正巧卡在条石的裂缝里。

村民的好奇心大增，继续往旁边开挖。接下来的情景令村民惊讶不已：在距晒谷场地面约20厘米的地面下，竟然"昏睡"着一处古色古香的墓群！

村民的保护意识很强，马上打电话告诉相关部门。接到报告后，东渡镇派出所民警、缙云县博物馆工作人员等迅速赶往现场。古墓正式开挖……

经过一天半时间的挖掘，古墓群被打开，共挖掘出一面菱花铜镜和5只青瓷小罐。根据出土的菱花铜镜和青瓷小罐的纹饰、质地判断，这个古墓群属于明朝晚期，距今已有400多年的历史。

古墓群被发现，有助于人们了解当时的历史和人文。但是，随着坑上这

△ 缙云古墓出土的文物

座古墓群的打开，带给人们的却是一个接一个的谜团——

二、埋在古墓里的三大谜团

谜团之一：古人跟现代人玩"空坟计"？

这个明朝古墓群有5个墓穴，大小形状都一模一样，坐北朝东南整整齐齐地并排着；墓穴的四壁皆用条石砌成，古时没有现代化的机械如切割机等，但是墓穴里的条石方方正正，平滑齐整，令人不得不惊叹古人精湛的工艺水平。

听人介绍，这个古墓群每个墓穴内径长2.2米，宽0.7米，高0.64米；墓穴的每一个面都由两块条石组成，每个墓穴用4块条石覆盖，墓盖上留有子母口；每个墓穴内的北边还靠墙斜放着一块厚重的正方形砖头……

当工人把墓盖全部搬开时，发现墓穴里已经进水。令人惊愕的是5个墓穴里空空如也，连一片残骸包括一根头发丝儿也找不到。如果古人已风化腐烂，至少应该留下一点儿残骸吧，可是墓室里除了尘土外，干干净净。

难道古人已经预料到400多年后有人要挖墓，怕自己灵魂不得安宁而特意使了障眼法，跟现代人玩了一把"空坟计"？如果不是，难道此墓群已被他人盗过？

人们不灰心，继续往下挖。掀开墓穴底部的石板，人们在每个墓穴里发现一只青瓷小罐；在靠最西边的一个墓穴，应该是放置死者胳膊的边上发现了一面菱花铜镜。除此之外，每个墓穴里还发现有黑炭及两块相距一米长的条石（估计是为了防棺材受潮），古墓的四周垫有起码上10斤重的石头（估计是为了防墓室位移）……种种迹象表明，古人已做好下葬前的准备工作。

听挖墓的工人说，墓盖上的4块条石被用石灰和桐油调和起来的液体粘得非常牢固，没有被盗墓过的痕迹。可是，古人的尸骸又在哪里呢？

谜团之二：墓主是谁，哪里人？

墓穴里除了几块石头、砖头、菱花铜镜和青瓷小罐外空空如也，在场工作人员和围观群众都有些泄气——因为刚开始很多人都以为会挖出金银财宝，或具有考古价值的文物之类的。于是，群众开始你一句我一言地猜测起墓主的身份来。

坑上村是一个"村史"不长的村庄，离缙云县城不远。听村里上了年纪的人讲，新中国成立前，坑上村这片土地还只是一片乱坟岗，当地老百姓叫它"坟墩"。解放前，国民党第三十三师曾把乱坟岗铲平，再稍加整理，把这儿变成练兵场。后来，国民党兵败了，才有人把家安在了这里，这才渐渐地形成今日的坑上村。按照村民的说法，这个明朝古墓群的墓主绝对不是坑上村人。

考古如同破案，循着一点儿蛛丝马迹可能发现一些东西，也可以借此大胆假设，小心求证。

5个墓穴里，每个墓穴都放着一只青瓷小罐，而一个墓穴里有菱花铜镜陪葬，按照明朝的民俗，青瓷小罐里一般装着五谷杂粮，这表示死者希望在阴间也能享受和在阳间一样衣食无忧的生活。文物部门的工作人员分析：该墓葬群是研究当地民俗、葬俗的实物例证，同时也反映了明代厚养薄葬的民风。

有人说，坑上村有个邻村叫兆岸的，明朝时曾出过进士。那么，该墓的墓主会不会是那个进士？可是，挖掘人员费尽力气，在古墓群的前后左右仔细搜寻，就是找不到墓碑。

也有人说，5个墓穴紧紧相连，会不会是一夫四妻的墓？有的人立即反驳，女人爱照镜子，可是只有一个墓穴里有菱花铜镜啊。群众议论纷纷……

古墓群跨越400多年的漫漫时空，很多信息都湮灭得无影无踪，留给后人的也许是永远都解不开的谜。

六安双墩汉墓探秘

六安国是见于史料记载的一个神秘的西汉诸侯国。汉武帝在位期间曾大力削藩，但与此同时却分封刘庆新安国。刘庆为何能得此厚待？六安国与著名的淮南国、衡山国之间又存在怎样的联系？随着安徽六安双墩汉墓的开启，这些千古之谜再次引起世人的关注。

一、六地平安，永不反叛

2006年3月至2007年1月，在汉代六安国故都，即今六安市附近双墩村，安徽省考古研究所发掘了一座规模庞大，等级很高的汉代墓葬。墓中出土了一些带有"共府"、"共王府"字样的铜器。"共"在当时也通"恭"，因为刘庆对中央政府忠诚谦恭的态度，他死后受封的谥号就是"恭王"，由此可知，在双墩发现的很可能就是第一代六安王刘庆之墓。

神秘的六安国停亡于西汉天朝时代，如今它势必要随着发掘工作的展开，跃出泛黄的史书，穿越2000多年的历史迷雾，再次在世人面前清晰起来。

六安国所在之地，在汉初分封时属衡山国、淮南国所辖。公元前164年又分别封刘安、刘勃为淮南王与衡山王，六安国能够建立，某种程度上还要感谢此二人。

据史传载，景帝之子刘寄是武帝最亲密的兄弟，被封为胶东王。公元前122年，为了对抗削弱诸侯围的政策，淮南王刘安与新任衡山五刘赐谋反，胶东王刘寄听说此事也暗地里屯兵备战准备响应。谁知谋反的事情很快败露，淮南王与衡山王相继自杀并被剥夺封地。而刘寄虽最终并未起兵，但在对谋反案审讯的过程中，刘寄欲起兵响应的事情也暴露出来了。刘寄在罪行败露的惊恐以及对武帝的愧疚中一病不起，很快撒手西去。他知道自己所犯下的谋逆之罪是无可赦的重罪，所以死前并没有指定王位的继任者。

得知刘寄的死讯，盛怒之下的武帝回想起了两人幼年时亲密的手足之情，终于动了恻隐之心，决定不再追究弟弟的罪行。于是，他不仅封刘寄的长子刘贤继任胶东王，而且还把刘寄最宠爱的小儿子刘庆分封在原衡山国的封地上。刘庆心中充满了感激与惶恐，于是上表向武帝表达忠心，称自己将尽心治理封国，誓保"六地平安，永不反叛"，六安国也因此而得名。

△ 六安双墩汉墓发掘现场

二、大墓奇珍，美酒良种

刘庆墓上有馒头状的封土，墓室建筑有东、西两条墓道，为"中"字形竖穴土坑墓，全长45米，宽12米。墓室使用了代表墓主人高贵身份与帝王荣宠的"黄肠题凑"结构，共用去了900余根长约1米的去皮柏木。

题凑之外是一间用方木搭建的陪葬墓室，共分为15间，里面放有陪葬所用的铜壶、陶壶以及大量的车、马、人佣等明器，这是该墓的"外藏椁"。题凑内为内回廊，也可能有分间结构，用来放置随葬品。

刘庆的棺椁摆放在墓室中部。外椁为木质，内外均髹黑漆，东端设有对开木门。内椁则为石质，内部也髹黑漆，东端设门，北壁上还绘制着云纹红彩，十分精美。椁内为套棺，外棺外髹黑漆，内髹朱漆。内棺同样髹漆，上面还绘有红色彩云纹，并饰有许多鎏金铜饰件，显得更加精美华丽。

刘庆墓在唐代就已经被盗，但还是有很多珍贵的文物保存下来。墓中发现了大量的漆器、木器、铜器、玉器等，数量达500多件。特别是在棺椁内发

△ 六安双墩汉墓出土文物

现了精美的玉瑗、龙形玉佩、玉印章、玉圭板以及可能是玉衣残片的碎片，显示出墓主人曾经拥有的奢华。

另外，墓中出现了一些十分惊人的发现。放置于外藏室的一只铜壶中满盛清澈液体，当考古队员将这些液体倾倒出来时，一股酒香扑鼻而来，只见壶底还残存着一些米粒。原来这竟是一壶2000多年前的米酒，真可谓是千年陈酿了。同时在墓室内还发现了许多植物的果实与种子，品种有水稻、小米、红枣、板栗、杏、李、瓜等。经过农学专家检测，各类种子的保存都比较完好，结构完整，如果进行种植，还有可能发芽，也许有一天我们就能吃到这些沉睡2000多年的良种繁育出的"汉代美食"。

六安双墩汉墓的发掘是汉代诸侯王陵研究的又一次重要发现。经调查，双墩汉墓周围还发现有其他可能同属六安国王陵的高大坟冢，它们仿佛正在召唤我们前去揭开神秘六安国的种种谜团。

汉朝楚王陵之谜

数年前的一天中午，徐州狮子山村几个学生穿过采土场时，不知谁突然踢中一个东西，几个孩子急忙把它抬起来，仔细一看，小圆球上居然有鼻子、眼睛和嘴，竟然是个用泥土烧成的小人头。发现"小人头"的消息很快传开。然而，谁也没有料到，这些"小人头"竟有4000个之多，如此庞大的兵马俑军阵的主人究竟是谁？而这一切在注重礼教的中国古代是冒杀头之罪的，什么原因让工匠们敢冒天下之大不韪？

一、兵马俑的秘密

孩子们捡到"小人头"的消息很快就在狮子山村传开了，大家争相来看看这些从未见过的小泥人，谁也说不出这会是什么东西，只是觉得在这些小人头的背后，隐藏着某种神秘的东西。考古专家看过"小人头"后，发现泥土里不仅仅只有小人头，而且有身体，它们是一个个外形像人的陶俑。

经过探察，发现地下共有5个俑坑，陶俑总数竟达到4000多个。这些陶俑有立式的步兵、坐式的车兵以及马俑和指挥官等。整个队伍性质单纯，这次狮子山发现的是兵马俑军阵。在中国古代礼制中，只有皇帝或是身世显赫的人下葬才能使用兵马俑。从徐州历史看，从来没有哪位皇帝葬在徐州，但徐州曾是西汉时期楚国的都城。等级如此高的葬礼，只有楚王统治徐州时才有能力完成，兵马俑的主人很有可能是十二代刘姓楚王中的一位。

考古学家考虑俑坑中的兵马俑大多面西而立，参照秦始皇兵马俑是面向东，它的墓在俑的西边，所以墓主人的墓葬，很可能就在俑东边的狮子山上。

狮子山虽不高，但山坡上布满了民居，墓地究竟在哪里呢？早年这里的村民在山上挖过红薯窖，这个地方的积土层很深，这种情况说明山岩之中原

△ 徐州狮子山楚王陵

本是没有大面积泥土的，有可能是后来人为搬运而来，那么是不是红薯窖正好挖在了墓穴的填土层上呢？

考古人员来到挖红薯窖的地方，果然看到了人工开凿的痕迹，这里正是深埋在地下的千年古墓所在地。挖掘进行过程中，松软的泥土中又发现了几枚铜钱和印章。已经发现的零散文物说明，这些铜钱和印章很可能是盗贼离开时散落在盗洞中的，狮子山汉墓早已被盗墓贼捷足先登了。盗洞意味着狮子山汉墓可能是座空墓。墓主人身份无法确定，兵马俑军凌乱的谜团就无法解开。

主墓室的门口堆放着几块巨大条形石块，每块石头的重量估计有五六吨，这是下葬者为防止墓室被盗用来封堵墓门的塞石。然而塞石已经被拉了出来，而且上面扔满了各种文物。看来，盗墓者肯定通过主墓口进到墓室里了。每块被拉出的塞石上，都凿有一个类似"牛鼻眼"的东西，盗贼正是把绳索拴在"牛鼻眼"上，不知用了什么技巧，居然把五六吨重的塞石拽了出来。

二、金缕玉衣惊现世间

在考古队员清理塞石时，除了大量的铜钱外，还在上面发现了玉璜，这是西汉时期的一种玉器。更令人惊讶的是，塞石上还出现了无数玉片，在个别玉片上发现了缠绕在上面的金丝。难道这些白玉是墓主人下葬时身上所穿的金缕玉衣的玉片？

考古人员将这些玉片收集起来，经过修复，果然一件奢华精美的金缕玉衣竟出现在人们眼前。

在汉朝，徐州地区有资格在下葬时使用金缕玉衣的人，只可能是楚王，因为他是当时的最高统治者。但历史上共有12位楚王，玉衣是保护尸体的，应该放在棺椁中，然而狮子山的玉衣却在主墓室的门口被发现，这是为什么呢？专家推测，可能是因为墓内光线太暗，盗墓人将玉衣拖到墓门口，一片片拆散，抽走了上面的金丝。

这些玉片，包括玉璜、玉璧都是名贵宝物，为什么盗墓贼会不屑一顾呢？显

△ 楚王陵金缕玉衣

然，这些玉器绝非凡品，它们都是王室标志性的器物，盗贼即使拿到外面也没任何用处，不但无法换成金钱，还有可能招来杀身之祸。由此看来，盗墓的时间离下葬应该不会太远。

在墓中还发现了一种墨绿色的玉片，把这些玉片拼在一起，原来是一具华美的玉棺。金缕玉衣和玉棺都代表了一种等级，不是任何人都可以使用的，这说明墓主人绝非寻常的富贵人家。

另外，墓中还发现了许多精美绝伦的玉器，像玉璧、玉龙、玉璜、玉冲牙、玉盖杯等，还有两副纯金打制的金带扣，每一件都是无价之宝，这些东西也绝不是一般贵族能够使用的。西汉时期，徐州地区有资格使用这些东西的人只有可能是楚王，但刘姓楚王共有十二位，到底是其中哪一代却不得而知。

三、王族墓葬惊现多处纰漏

挖掘古墓的过程中，动用了撬杆、钢丝绳、卷扬机，甚至是起重机，费了九牛二虎之力，才把封堵墓门的十几个五六吨重的塞石移走。不敢想象，两千年前没有现代工具的古人是怎么把他们弄到墓中来的，封闭两千多年的地宫被彻底打开了。

在一间清理后的侧室中，墓室墙壁有的地方比较粗糙，似乎只是用凿子进行了开凿，但有的地方却完全不一样，已经显得很平整，显然是凿过之后

又进行了加工，为什么同一面墙壁却有粗糙面又有平整面呢？地宫中还有很多墓室的墙壁都只是进行了粗凿，根本没有经过进一步的修整，这些墙壁显然没有达到事先设计的标准，它们都应该是平整的，但为什么没有彻底做完呢？

地宫中大多数房间大小都差不多，凿入岩石中的进深都达到了四五米，然而在甬道的东侧，却有一间令人莫名其妙的房间，它的高度、宽度与其他的侧室一致，进深却勉强只有1米，这样浅的房间装不了什么陪葬品，这难道是一间没有来得及凿完的墓室？为什么还有墓室居然没有凿完，为什么很多墓室的墙壁没来得及加工平整，这些和兵马俑军阵的凌乱非常相似，两千年前在墓主人身上到底发生了什么事件呢？

种种纰漏，让考古工作人员迷惑不已。在甬道东面的最后一个侧室，这里有一堆尸骨，紧挨着东墙，地上的骨头到处散落，在地上还发现了一些堵塞七窍的玉石，都做成了子弹头的形状。这可能是盗墓贼所为，盗墓贼扯下了金缕玉衣到洞外去挑拣金丝，尸骸也就被抖得七零八落，从尸骨上已经无法获知楚王是谁的答案。就在清理尸骨的过程中，考古人员隐隐觉得好像有什么地方不对头，尸体出现的位置似乎不正常。一般西汉早期的王室墓葬，棺椁都停放在后室，然而发现骸骨的地方却是后室前面的一间侧室，尸体停放的位置根本不对。这在讲究礼仪的中国古代，是不可想象的，为什么会出现这么大的纰漏呢？

在墓道口外，有几块巨大的石头，按照西汉早期墓葬的特点，连接墓道口的应该是一个斜坡，这样便于运送陪葬品和棺材入葬，驮蓝山汉墓就是如此。而狮子山汉墓墓道口前30米长的斜坡实际上已经凿出了雏形，本来完整的岩石已经被分割成一块块孤立的大石块，石头上还带有明显的凿痕，看样子是准备用来做塞石的，但石块还没来得及移走，斜坡没有最终完成。为什么已经准备运走的石头却还留在原地呢？这同样让人大惑不解。

而在发掘五号坑时，还发现了大量的陶马，可以肯定这是一个专门放置马匹的俑坑，令人迷惑不解的是，这些陶马只有个别的马匹被组装在了一起，更多的是一些马的配件散乱堆放着，有成堆的马腿，还有马头和马躯干，而且竟然还有一堆马耳朵，似乎在下葬时工匠们只是仓促地把配件直接倾倒在马坑里了。

在二号俑坑中，兵马俑大多面西而立，但其中却有不少陶俑有的面向南，有的面向北，更让人意想不到的是，有的俑与绝大多数陶俑的朝向甚至完全相反，不是

△ 楚王陵俑坑

向西而是面向了正东，这显然极不周到，同一支队伍中，士兵怎么能左顾右盼，有人甚至反向行进呢？

这种仓促似乎表明，墓主人的下葬非常草率，这可能是一次非正常的葬礼。虽然有些俑的朝向不同，但绝大多数兵俑的都是面向西方的。俑坑中大多数兵俑的排列还稍有规律性，每排陶俑的数量大约是八个，前后两排的间隔也差不多。但有很多地方却非常凌乱，有的每排人数只有两三人，前后排的距离也拉得很开，陶俑稀稀疏疏，而有的每排人数却达到了十几人，陶俑全都挤成一堆，摩肩接踵，令人眼花缭乱，根本就没有军队的队列、阵形的样子。

俑坑中兵俑的种类有七八种之多，按一般常规来讲，各兵种应该分别统一起来，按各自的方阵下葬。但在这里，所有兵种都混杂在一块儿了，发辫俑里混着发髻俑，发髻俑里混着戴头盔俑，持长械俑里混着弓弩手俑；中国古代的车兵制度通常是一乘车，二有一个御手、一个甲士或两个甲士，但二号俑坑中却是二三排御手俑间杂着四五排甲士俑，御手和甲士明显不成比例，完全没有按照战斗队形来排列；最令人大惑不解的是，在二号坑成群的跪坐式车兵俑中，竟然莫名其妙地站着一个孤零零的步兵俑。

葬礼在中国古代是最重要的礼节之一，必定是庄严肃穆，一切井井有条，作为陪葬坑中的兵马俑，也一定要按照当时军队的阵容，骑兵、步兵、

战车，各就各位，埋入地下，因为按照当时的逻辑，只有一支正规的军队，才具有战斗力，才可能在地下保卫墓主人的安全。

然而，徐州的兵马俑坑中却出现了这么多细节上的不周到，这种种的不周之处说明，下葬人员似乎根本就没把葬礼当回事，匆匆忙忙、仓促草率地把兵马俑随便往俑坑中一扔就完事了，而这一切在注重礼教的中国古代，是要冒杀头之罪的，是什么原因让工匠们敢做这种冒天下大不韪的事呢？

这种种迹象表明，楚王陵地宫根本就没有彻底完成，为什么地位如此显赫的楚王却葬在了一个根本就没有完成的陵墓中？会不会是因为陵墓没有建成，楚王就突然去世了呢？还是因为工程浩大，没有经费最终完成地宫呢？这两种猜测都可以解释楚王陵没有完工的原因，但却无法解答兵马俑军阵仓促放置的谜题，因为兵马俑的摆放不需要花费很长时间，楚王突然去世和工程经费不足不至于使兵马俑摆放混乱。这种种反常现象的背后一定还有更加复杂的原因，会不会是王室发生了政变，宫廷权力之争的结果呢？两千年前的徐州必定发生了什么重大的变故。

四、寻找陵墓的主人

一个埋藏千年的地下宫殿就这样被撩起了神秘的面纱，这里位于狮子山主峰的南坡，离科技找墓时确定的异常区只有十几米远。在这样一座千年来从未面世的古墓中，兵马俑世代守卫的主人还在其中吗？通过墓主人，能够揭开俑坑中兵马俑军阵摆放破绽百出的谜题吗？

从徐州的历史来看，从来没有哪位皇帝葬在徐州，但徐州却曾经是西汉时期的诸侯国——楚国的都城。西汉时期，皇帝刘邦把天下划分成几个诸侯国分封给自己的兄弟，他的弟弟被封为楚王，管理以徐州为中心的楚国，徐州曾经存在过十二代刘姓楚王，他们死后都葬在了周边地区。

用军阵送葬是一种等级很高的葬礼，只有楚王统治徐州的时候，才有条件和能力完成这样的杰作，这些兵马俑的时代被确定为汉朝已经没有疑义，那么，兵马俑的主人会不会是这十二代刘姓楚王中的一位呢？

在发现尸骨的墓室附近的甬道上，考古人员发现了一种玉片，它们不像是金缕玉衣的玉片，因为金缕玉衣都是羊脂白玉，而这种玉片是墨绿色的，而且形状不同，有长方形的，更多的是菱形的和三角形的，玉片的块也要大得多。这些玉片是干什么用的呢？

随着这种墨绿色玉片出现越来越多，考古队员猜测，它们应该是棺椁上镶嵌的玉片，也就是说，墓主人下葬时使用的棺材是一具玉棺。

玉棺的发现，再次确认了墓主人必定是楚王无疑，然而，究竟是哪一位楚王，还是无从知道。墓室墙壁开凿粗糙，后室地面凹凸不平，这竟是个没完工的陵墓，为什么没修完墓主人就下葬了？在清理主墓室的门口时，考古人员曾发现许多陪葬的铜钱，这些铜钱对盗贼无用，但对专家来说却意义非凡。研究铜钱的使用时期，不就知道墓主人生存的时代了吗？墓中发现的半两钱是在汉武帝元狩五年之前流行的一种钱，这就说明下葬时间应该是公元前118年以前，从刘邦建立汉朝到公元前118年这段时期内，共有五代刘姓楚王在位，他们是第一代至第五代楚王。墓主人的范围一下子被集中到了5个人身上。

在这5个人中，怎样才能再缩小范围呢？考古专家突然想到了印章，能不能从中发现线索呢？果然考古人员发现，其中有东海郡和薛君官员的印章，第四代楚王在位时间是公元前154年之后，楚国的辖区已没有东海郡和薛郡，因此第四代、第五代楚王可以排除，狮子山汉墓墓主人还剩下3个人。

专家们在《水经注》中又发现了线索。书中记载，第一代楚王刘交的墓已明确在今天的铜山县夹河乡。那么在第二代和第三代楚王中，到底谁是狮子山墓的墓主人？第二代楚王刘郢客是刘交的儿子，他在位4年，头年即位，第二年建墓，他只有3年时间建墓。而建成如此规模的狮子山楚王陵，至少需要10多年时间。

现在只剩下最后一个人了，也就是第三代楚王刘戊。刘戊在位20年，这段时间正是汉朝"文景之治"的繁荣阶段，是楚国国力最强盛的时期，因此他有充足的财力和时间来为自己建造一座大规模陵墓。

五、未完成的地下宫殿

刘戊的祖父叫刘交，是汉高祖刘邦的弟弟，刘邦建立了汉朝以后，把天下划分为几个诸侯国分封给自己的兄弟们，刘交被封为楚王，也就是第一代楚王，刘交的子孙世袭王位，刘戊作为第三代楚王，和当时中央政府的皇帝——汉景帝是堂兄弟，地位非常显赫。如果这座陵墓的主人真的是刘戊，他有近20年时间修建和营造，为什么地宫中却还有这么多地方没有最后完成呢？从陵墓的建造来看，可能还在扩大规模阶段，并没有进入精加工阶段。

墓中骨骸的年龄在35岁左右，属于壮年，会不会因为暴毙，所以陵墓没来得及修完呢？但又该如何解释兵马俑陪葬坑中出现的异常现象呢？墓主人突然死亡会使陵墓无法完工，但肯定不会导致兵马俑的混乱放置。

据班固的《汉书》记载，公元前155年，薄太后去世，举国服丧。作为当时一个十分强大的诸侯国——楚国的国君，唯我独尊的楚王刘戊根本没将此事放在心上，公然在太后的丧期内，肆无忌惮地淫乱享乐，这是封建礼制绝对不能容忍的。后来有人把这件事秘密地告发给了汉景帝，朝中的大臣们强烈要求杀掉刘戊，会不会是因为刘戊得罪了中央政权，对刘戊陵墓的修建以及下葬就可以仓促了事了呢？肯定不是这个原因，因为汉景帝顾及刘戊和自己是堂兄弟，最终没有同意大臣们杀掉楚王的建议，刘戊并没有死，他的地宫仍然在按部就班地修建。

在后室靠近西北角的石壁上，考古人员发现了一条裂缝，专家推测，这可能就是棺材不能放在后室的直接原因，这条天然形成的缝隙往下渗水，所以棺椁只能放在前堂了。一条石缝就让楚王屈居于侧室，就可以不顾王室礼仪，说明发生在刘戊身上的事件一定非同寻常。显然，刘戊死后不能等，必须马上下葬，只有在如此匆忙的情况下，才可能出现连后室的缝隙也来不及修补的情形，更不用说继续向后开凿新的房间了。

专家们从《汉书》中了解到，汉景帝虽然没有同意大臣们杀掉楚王的建议，但却决定减少刘戊的管辖范围，并降下圣旨，楚国下属的东海郡归中央政府管理，不再是楚国的地盘，但就在圣旨到达楚国的同时，楚王刘戊收到了另外一封信函，吴王准备反叛中央政权，邀请他一同造反。刘戊立即响应了吴王的建议，与吴王一起发兵攻打中央政府，这就是历史上著名的汉初"七国之乱"。汉景帝派兵镇压，大败七国联军，结果吴王被杀，其余各王或降或死，全都身败名裂。刘戊也不得不自杀身亡。

刘戊造反自杀，已经是犯了弥天大罪，楚王家族如果不采取措施，必然要受到牵连，如何能把牵连减小到最低程度呢？楚王家族必须想出办法来，最好是既能保全家族的利益，又能维护中央政府的荣誉。《汉书》中关于刘戊的记载到他自杀之后就没有了，后来发生的事情，专家们只能根据此前的历史记录和墓室的情况进行推测。

楚王拥有一个庞大的家族，刘戊有兄弟六个，而且这六人非王即侯，地位不可等闲视之。刘戊死后，楚国一方面向中央政府请罪，让中央王朝对刘戊低调处理。而另一方面就在向中央政府请罪的同时，趁处罚意见还没有出来，楚王家族利用长安至楚国2000多里之遥，消息不通之机，匆匆以王者之礼抢先一步将刘戊下葬，给中央王朝来一个"既成事实"。

楚王的葬礼确实不能等了，一时间，王宫内外乱成一片，整个家族都在准备陪葬品，就在这样的背景下，楚王以尽可能快的速度被匆匆下葬了，修了近20年的地宫也没有最后完成，棺椁也就只好放在了一个临时的位置上。

但是，中央政府有可能同意刘戊下葬时使用金缕玉衣和玉棺，却绝不会允许他使用兵马俑来作为陪葬，刘戊已经是一个反王了，同意他使用兵马俑，让他在地下还能带兵，这不等于鼓励其他的诸侯王继续造反吗？

在这种偷偷掩埋的情况下，陪葬坑中的兵马俑也就只能仓促摆放了。也许，这就是狮子山兵马俑摆放凌乱不堪的原因。这就是经历了许多惊心动魄事件的楚王刘戊，在汉书上留下名字的人就是他，两千年前的显赫已经无迹可循，只剩下枯骨一堆。

不同的虞姬墓地之谜

虞姬在中国可以说是一个知名度很高的历史人物。因为她作为著名历史悲剧《霸王别姬》的主人公，千百年来，已经随着各种文艺体裁的广泛传播而家喻户晓了。当然，对于大多数人来说，除了这一出历史悲剧外，可能对她的其他事情了解不了一二，而且，也没有太大的兴趣关心她的其他事。但是作为历史学家，对虞姬这样一位曾在中国某一特定历史时期，对当时可能决定中国社会发展走向的人产生过影响的女性，是不可能不给予相当程度的关注的。

可是在近2000年的漫长岁月里，历史学家却一直无法回答，虞姬的墓在哪里？

实际上，并不是后人没有发现虞姬的墓。恰恰相反，是发现了几处不同地理位置的虞姬墓，每一处都有相应的传说证明它是真的虞姬墓，这就使人们无法确定虞姬墓到底在哪里了。

在2000多年前的秦朝末年，天下大乱、刀兵四起，转眼之间秦王朝就在各地农民纷纷揭竿而起的反抗声中土崩瓦解了。在新的政治、军事力量中，楚霸王项羽可以说是称雄一时，几乎就成了当时中国的最高统治者。可惜，由于他的狂妄自大，不善于使用人才，转瞬之间就在政治、军事斗争中，由优势变为劣势，被原来不被他放在眼里的"弱者"刘邦打得一败涂地，所以，才和他的妻子虞姬演出了千古悲剧《霸王别姬》。虞姬眼看项羽兵败，大势已去，为了不再拖累项羽，在突围途中自刎身亡。

虞姬死后到底葬在哪里呢？现在大体有四种影响较为普遍的说法。

第一种说法当然是接续着《霸王别姬》这一出悲剧，因为虞姬自刎之处，据传就在今天安徽省的定远县境内。所以，这种说法就是：定远县是虞姬的殇丧之地。今天的定远县内，已经不能再找到虞姬墓了。可是，这种说法依然流传。而且，在我国古代最重要的史籍《史记》中，也引用了《括地志》的记载：虞姬墓在濠州定远县东六十里……

第二种说法是把虞姬墓定在安徽省灵璧县。在清代康熙和乾隆年间，灵璧的地方志上记载着："在灵璧城东十五千米，与泗县交界处有虞姬墓。"在今天的灵璧，人们仍能看到传说中虞姬的墓碑，上面还刻有"巾帼英雄"四个字。另外，还有两句联语诗："虞兮奈何自古红颜多薄命，姬耶安在独留青冢向黄昏。"凄凉之中点明了悼念虞姬之意。

对这种说法，古人也曾多次质疑，认为是后人附会的。

第三种说法也和霸王别姬的传说上下相连。清代道光年间，安徽省和县的《和州志》中记录了这个说法：美人虞姬当年自刎后，项羽将她的头系在马脖子上突围奔骑。经过一座山脚下，原来插在虞姬头发上的兰花失落。于是，后人把这座山改作"插花山"，山上建有"插花庙"也叫"鲁妃庙"或"虞姬庙"。直到今天，每年的3月3日，当地群众都要戴着野花到插花山的虞姬庙里祈祷求子。

还有一种说法使虞姬墓定在了江苏省江浦县。与之相对应的传说则有别于《霸王别姬》的情节。

这里流传下来的说法是：项羽从垓下突围后，逃到了今天江浦县的兰花乡。在这里又遭遇到韩信的围追堵截，于是双方混战到了一起，虞姬也手舞双剑，跟在项羽身后厮杀。一不小心，虞姬头上的碧玉兰花簪子掉落在塘埂上，从此这里就开满了香气袭人的兰花。而这口塘也因此被后人称作"兰花塘"，这个地方也就随着被称为"兰花乡"。

项羽带着虞姬等人冲破堵截后，走了仅三四千米，在一座小桥旁就地宿营。此时的项羽面对自己的惨景心如刀绞，悲愤难忍。虞姬见此情景，便舞剑给项羽解忧。舞着舞着，她说了句："大王珍重龙体，妾先去……"话未说完，便自刎身亡。项羽大惊，泣不成声。此时，汉军又来了。项羽无奈，只好把虞姬埋在小桥西边的田野里，带兵突围而去。后来，人们称这座桥为"失姬桥"。

"失姬桥"、"兰花乡"至今还是江浦县的两处地名。

武威雷台汉墓之谜

　　马踏飞燕，也称铜奔马、天马等，青铜铸成，一级国宝。其造型为一匹正撒开四蹄飞奔的骏马，令人称奇的是骏马三足腾空，唯有后足落在一只展翼疾飞的燕子背上支撑起全身，一看到它，仿佛耳边就能生出呼呼风声。这匹青铜神马就出土于甘肃武威雷台汉墓。

　　一、古墓中跑出金马驹

　　武威雷台位于河西走廊东端武威市城北1千米处，雷台下就是曾经埋藏着马踏飞燕的东汉晚期大型砖室墓——武威雷台汉墓，此墓的发现与马踏飞燕的出上还曾经历了一个惊心动魄的故事。

　　1969年，当"深挖洞，广积粮"的"最高指示"传达到了武威县新县公社新鲜大队十三队。可是此处土地平坦，地下水位又高，在哪里开挖防空洞呢，村干部们犯了愁。几经思量，最终大家把目光投向了雷台这座大土丘。工程很快展开，然而一件意想不到的事情发生了，负责向北挖掘的村民从土里刨出了一面青砖砌起的墙壁！大家围拢过来，惊异地打量着这堵砖墙，谁也说不出个所以然来。有人说，先打通了看看。几镢头刨下去，砖壁立即被挖开一个窟窿。胆大的村民把头伸进去一望，只见满地绿莹莹一片，仿佛有无数的车辆人马。村民谁也没了主意，于是找来了小队长王宏尚，他领着两个人，带着手电筒，壮着胆子走了进去。原来这里是用青砖箍起的几个墓室，里面摆满了铜车、铜马、铜人，琳琅满目。继续深入，又出现了铜盘、铜坛子，地上还铺着一层厚厚的铜钱。王宏尚很快意识到，这应该是些很值钱的东西。但令人哭笑不得的是，看着满地铜马，王宏尚却想起了队里刚刚死去的一头骡子和一匹马，便萌生出把这些铜物件卖到废品收购站换钱买马的念头。于是他带领村民们用麻袋将宝贝运回队里的仓库，大家一致决定对外封锁消息。数百件国宝命悬一线。

△ 铜奔马

雷台下挖出了"金马驹"的消息还是不胫而走。但此时正值"文化大革命""破四旧"的岁月，有谁肯冒着风险过问这件事情呢？让我们记住这样几个值得尊敬的名字。张有，时任金羊区保卫干事，他最先听到"金马驹"的消息，这位责任心很强的基层干部知道这些都是国家的宝贝，不容有失，于是立刻发起了保护行动。党寿山，时任武威县文物干事，听张有通报了雷台发现古墓的情况后，二人立刻前往雷台调查。正是由于他们的果断行动，才阻止了村民们砸铜卖钱的企图。经过宣传教育，最终雷台汉墓中的所有文物一件不少地被重新聚拢起来。还有一位著名学者为保护雷台汉墓做出了重大贡献，他就是郭沫若先生。郭老得知雷台汉墓出土铜车马的消息后，上书中央，使得包括马踏飞燕在内的这批珍贵文物得到了妥善的保护。

二、走进雷台下的宝库

雷台汉墓是一座规模较大的砖砌多室墓，墓口向东。由东向西依次排列着斜坡犬墓道、墓门、甬道、前室、中室以及后室。其中前室的两侧又各向外扩出一个小耳室，而中室的南壁上也连接着一个小耳室。前、中、后三室的屋顶都是用小砖砌起来的，其形状像倒扣的斗。这座墓的结构与中原地区常见的东汉时期砖室墓葬基本一致。

墓葬就是为墓主人准备的地下住宅，到了东汉时期，地下住宅越发宽敞舒适起来。后室相当于宅院中的内院，通常用作主人的卧房，所以墓主人的棺椁也常安放在后室中。雷台汉墓的后室中发现有承放棺木用的石刻龟形棺托，也可见棺板残片与墓主人残存的一段遗骨。而墓葬中室则象征宅院中会客宴饮的前堂，这里布置得相当舒适，室角放置着十二连枝铜灯用来照明，西北的土台上发现了鸡、羊的残骨，旁边还摆满了杯、盘、碟、碗等食器，仿佛一场宴会正要开始。中室一侧修建的耳室也颇引人注目，里面摆满了陶瓮、陶罐、陶壶，原来这里是为墓主人存放并烹饪美食的厨房。西汉早期的高等级墓葬中就已出现了在墓中设置"庖厨"，此后就更加流行起来，东汉时期即使在中小型墓中也要设置，让死者在地下也能享受"口福"。进入前室，这里就是发现马踏飞燕以及铜车马的地方。其中南侧的耳室中放置着武士骑马俑17个，各式铜车8辆，前室中也放置有铜车6辆，还有铜牛、铜俑，而在最前端摆放的正是马踏飞燕。

为什么要制作这些铜车马，它们又是怎样排列的？因为铜车马曾经被盗出了墓室，这支华丽的队伍如何排列似乎真的成了一个谜。我们可以在其他汉墓中寻找线索，虽然其他汉墓中没有出土这样的车马俑，但其实它们就躲在墓中的画像石上。骑士与车马是汉代画像石上常见的主题，这些图画被命名为"车马出行图"，用来表现墓主人生前出行时的仪仗规模。这些仪仗可不是随便使用的，汉代哪一级官吏能使用多少车马，史书中都有记载。而仪仗队的排列通常是这样的：最前端有2个或4个步行的小吏站成2列为队伍开道，后面跟着的骑士同样以2列纵队成队随行，在他们身后就是墓主人的马车，高等级官员在自己乘坐的马车前面还可以有司职引导的专用马车，在车队之后，则又跟着2列骑士，整个队伍形成长长的一队。官员的夫人也可以使用这样的仪仗。如此看来，雷台汉墓前室中的车、马、骑士俑，应当正是在庭院中为墓主人及2位夫人出行作准备的仪仗队。也许有人会问，既然仪仗队里的骑士都是成对出现的，雷台墓中为什么会出现39匹铜马这样一个单数呢？别忘了，墓主人的这次出行与以往可不相同，他们的目的地或许是遥远的天国仙界，所以队伍的最前端正是由天界而来的神马——马踏飞燕，专门下凡为这支壮观的车队指引登天的道路。

三、谁是车马仪仗的主人

精巧的铜俑，恢弘的仪仗，谁是这一切的主人？随葬品上的文字常常是解开墓主人身份之谜的宝贵材料。雷台汉墓的骑士俑、车马俑、人俑上多次出现了"张君"、"张氏"的字样，而后室中又出土了"××将军"字样的铜印，看来墓主人应该是位姓张的将军。此外，墓的形制与东汉时期常见的式样非常相似，墓中出土的铜钱最晚是东汉时期的剪轮五铢。据此，大部分学者都同意这是一座东汉时期墓葬。

△ 铜车马仪仗俑

但也有学者提出了不同意见，认为这座墓的年代可能更晚，其理由集中在以下几个方面：首先，目前发现的西晋墓中随葬的铜钱也主要是东汉时期的，所以不能以雷台汉墓中出现大量东汉货币来断定年代。其次，虽然雷台汉墓前、中、后三室的形制与中原地区东汉时期的风格相同，而与西晋时期的单墓室风格差别较大，但是这种规律是通过对中原地区墓葬的分析得到的，而在偏远的西北，墓葬风格的变化很可能比中原地区滞后很多。而最重要的一点矛盾是，铜俑上铭刻的张君的官职为"张掖长"、"左骑千人"，这样的职务大约相当于县长，只能算作中级官吏，但墓室中发现的银印通常却只有最高级别的官员或者王侯才可以使用。这样一来，看似理由充分的答案又重新笼上了一层疑云。

其实，雷台汉墓留给我们的疑问还有许多。马踏飞燕中体态优美的飞马是模仿汉军中喂养的健硕军马，还是传说中大宛汗血宝马的真实写照呢，它蹄下所踏的究竟是飞燕又或鹰隼，雷台汉墓上的雷台是不是为了隐藏这座大墓特别修建起来的？这些问题还会一直讨论下去，有些可能永远得不到答案。而考古工作的神秘与有趣之处，也正是藏在这一个个谜团之中。

南越开国之王赵佗墓探秘

赵佗是西汉时期南越国的开国之王，他本是秦朝的大将。公元前214年，秦始皇统一岭南以后，设立了桂林、南海和象3郡。赵佗被委任为南海郡龙川令。秦末战乱四起，已做南海尉的赵佗也趁机控制了桂林和象两个郡，在岭南建立了第一个封建蕃国——南越国。他始称"南越武王"，后来又改称"南越武帝"。开国之始，他就下令断绝了和中原联系的所有通道，实行闭关自治，他奉行"和集百越"的民族政策，尊重越人的风俗，鼓励汉、越杂处，任用越人首领。他的这种治理方式促进了岭南越地的发展，于是南越国逐渐强盛起来。西汉在长达百年的时间里奈何不了它。在南越国近百年的历史中，赵佗本人就在位67年。他近百岁时才逝世，死后被安葬在南越国的国都——番禹，也就是今天的广州。

据有关史料记载，赵佗在世时搜刮了大量奇珍异宝，死后又将它们都带入了坟墓。而且，他在世时，就对自己的后事做了缜密的安排，所以他的墓藏是一个极大的秘密。

他没有随中原和岭南的习俗使自己的陵墓外观雄伟显赫，而是利用山势暗造地穴，在地面上没有留下丝毫痕迹。他还大设疑冢，为避免被掘坟盗墓而做到万无一失。甚至连他的死后出葬都做了精心布置，灵柩车从四门而出。至于入土地点，在当时就是个高度机密，几乎没有人知道他的墓在哪儿。看来，秦始皇陵被掘使他顿悟许多。不过，这样一来，后人寻找他的墓真的是太难了。

传世的各种史料对他的陵墓的位置的记载大多来自推测，所以各不相同。明代《广东通志》中说"赵佗墓在县东北八里"，又说"在禹山"；《南越志》中记载"赵佗墓就在自鸡笼岗起至广州附近的连冈山岭之地"；

晋代的《广州记》中却又说"赵佗墓在城北，墓后有马鞍岗"；在各个时期的地方志中，有的说它在白云山上，有的写它在越秀山下，真是众说纷纭，使人无所适从。

由于赵佗墓的考古价值甚高，加上巨大的奇珍异宝墓藏的吸引，从东汉末的三国时候起，2000多年来一直有无数的人倾力于寻找赵佗墓。史料中记载："三国时的东吴之主孙权，就曾派吕瑜带领着几千兵卒访掘赵佗墓，想要找到巨额珍宝。他们在岭南凿山破石，掘地三尺，几乎挖遍了广州附近的大小岗岭，最终都一无所获。"不过，也有史料记载："孙权当时并非一无所获，他的手下找到了赵佗之孙，直越明王赵婴齐之墓。从中获得了珠襦玉匣三具，金印三十六枚，还有一枚皇帝信玺和一枚皇帝行玺以及私印三枚，还出土了三把铜剑，就是著名的纯钩、干将和莫邪剑。它们都装在杂玉制成的剑匣内。"只是由于年代久远，这些文物后来又去向何方，已经无法查寻。所以，也不知此记载的真伪。

不过，1983年，我国考古工作者在广州象岗发掘出了南越国第二代王赵昧的陵墓，墓中出土了众多罕见的文物，堪称"中国之最"。这使人们更加相信史料对赵佗墓藏的描述绝不会是捕风捉影。同时，也表明史料对赵婴齐墓被发现的记载很可能是真实的。因为在赵昧墓中出土了3枚金印，其中一枚象征着权力威望的龙钮"文帝行玺"重达148.5克，印钮是一条传神生动的游龙。它是目前所见最大的一枚西汉金印。而赵昧下葬时也身穿丝缕玉衣，是用丝带把2291片玉片编织到一起制成的。这和婴齐墓中，"珠襦玉匣三具，金印三十六枚"等记载十分相似，可见古人所言不虚。

赵昧墓中出土的文物中，还有许多堪称中国文物之最的瑰宝。作为南越国的开国之君，赵佗的墓藏可能会给我们带来更大的惊奇。可是，历代的寻墓人已经踏遍了广州附近的白云山、鸡笼岗、马鞍岗等无数山冈，赵佗墓仍然深藏地下不为世人所识。这个谜谁能有幸解开呢？

古墓地图之谜

山川、河流、大海……这丰富多彩的事物，如何更清晰地记下它们，让人们如临其境呢？靠口头的描述，显然其影响范围太小，更何况是在古代科技不发达的情况下。靠文字的记录，无论其说得多么详细，也要大伤脑筋地去想象。那么，怎样才能直观、生动而又明白地让人们了解某一地区的地理状况呢？地图，也唯有地图，才可以让人们面对它，脑海中就能浮现出平原、山脉、江河的清晰形象，不出家门，就可以指点江山，激扬文字。

根据中国古籍记载，早在3000多年前中国就已经有了地图。尚书上记下了一个使用地图的故事：周朝初年，成王命令周公旦通过占卜修建洛阳城。周公旦实地考察建城的选址以后，就将占卜选定的结果绘成地图，献给成王。当然受条件的限制，这时的地图内容也仅限于一个较小的范围。诗经里面也有些与地图有关的字句，按照后人的解说，也就是按照地图上所指示的山川，依次进行祭祀的意思。

后来不少典籍也记载了有关地图的事情，《史记》记载，刘邦攻到咸阳后，手下的将领们争先恐后地到有钱人家取金银财物，只有萧何先到秦国丞相和御史的家里寻找法令、地图、书籍，收藏起来。于是，刘邦对天下的要塞、人口多少、地方的贫富、百姓的疾苦等问题，都知道得清清楚楚。从这里也可以看出，秦始皇统一中国后，为了加强统治，确实绘制了不少地图。再结合《史记》的记载，不得不承认，正是秦始皇主持绘制的地图，让汉高祖大受其利，多少有些讽刺意味。不过秦代的地图传到晋代就大多数失散了。

晋朝的裴秀是绘制地图的高手，他能够根据统一标准，定下制图原则，绘出准确可靠的地图。裴秀还总结了绘图经验，定了《制图六法》，采用有系统的科学方法绘制地图。裴秀的"六法"是指：分率、准望、道里、高下、方邪、迂直，可以说是面面俱到，将绘制地图所要涉及的各个方面，都包括到里面去了。后来的学者考证后认为：裴秀的方法具有划时代的意义，是中国最早的地图学典范。裴秀本人，也可以称得上地图大师了。

历史在发展，包括绘制地图在内的科学技术也在进步。裴秀之后，又涌现出了不少杰出的地图绘制者，唐代贾耽、北宋沈括、元代朱思本，都在地图方面做了极有价值的贡献。宋代《华夷图》和《禹迹图》石刻，至今还保留在西安碑林中，苏州也保存着《平江图》这幅南宋地图，是至今保存最为完好的城市地图。根据这些地图，可以知道，从六朝到元明时代，中国人编制地图已经有了较高的水准。这些地图，传统上都采用了"计里画方"图法，或称为方格图法。这种传统的制图法，在13、14世纪之交传播到西方，影响传之阿拉伯世界。随后，14~15世纪，欧洲地图学迅速发展，可能通过阿拉伯人而吸取了中国制图法的精华。

中国地图的发展，是古代有识之士多年思考、实践的结果，是中国人民智慧的结晶。而不少西方人却说，中国地图的发展，是清初由西方传教士协助的，这种说法是毫无根据的。近年来，考古学家在长沙马王堆发现了3幅古地图，就是对上述说法的最有力驳斥。这3幅地图是画在帛上的。马王堆汉墓下葬年代是汉文帝12年，距今已有2100多年了。

马王堆出土的地形图，虽然绘于2000多年前，但内容丰富，绘制精确，具备现代地形图的基本要素：地貌、水系、居民点、交通网。也遵循了基本的制图原则：对内容的分类分级，图例的统一设计，主区较详尽而邻区较简略等。这幅地形图所绘制的范围，大概是今天的广西的全州、灌阳一线以东，湖南新田和广东连县一线以西，北至新田、全州，南到珠江口外的南海。地图主区是当时诸侯国长沙南部，邻区是西江诸侯南越王赵佗辖地。地图比例大约在十七万分之一到十九万分之一之间。地图绘出了大小30多条河流，九条标有名称，其河流骨架、流向、主要弯曲等均与现代地形图大致相同。图上的山脉，以闭合的山形曲线来表示坐落、范围及延伸方向，并在曲线上加绘月牙形符号，表示山头和山嘴的位置。图上共绘出80多个居民点，县城以长方形表示，乡里用圆圈表示，并可以看见大部分县城和重要市镇之间有道路相连。

虢国国君墓探秘

早在20世纪50年代，三门峡水库库区上村岭附近就发现了虢国国君墓才在近2700年之后重见阳光，史料记载中赫赫有名的虢国终于呈现于世人面前！

一、"唇亡齿寒的"的故乡

虢国是西周时期重要的封国，据记载，当时受封的虢国有两个，分别封给周文王的两个弟弟——虢仲与虢叔。虢仲所封的虢国在河南荥阳，历史上称为东虢；虢叔所封的虢国在陕西宝鸡，被称为西虢。在三门峡发现的虢国是东虢还是西虢？据《水经注》中有关虢叔封国地域的记载推断，上村岭发现的虢国正是西周末年随平王东迁至此的西虢一族。

关于这支虢国，还有一则家喻户晓的故事。春秋时候，晋国势力日益强大，晋献公时大举扩张领土，其中被征伐的就有虢国。可在晋国和虢国之间隔着一个虞国，讨伐虢国必须经过虞地。有谋士建议晋献公通过贿赂以求借道虞国，于是晋献公依计行事。贪财的虞国国君满口答应下来。虞国大夫宫之奇劝谏道："虞国与虢国是相互依存的两个国家，就如同嘴唇和牙齿一样，虢国被灭亡后，下一个就会轮列虞国。"但昏聩的国君没有听取他的意见。果然，晋图军队借道虞国消灭虢国后，又把亲目迎接晋军的虞国国君抓住，灭了虞国。这就是《左传·僖公五年》中记载的"假虞灭虢，唇亡齿寒"的故事。

20世纪50年代的考古发掘工作虽然找到了虢国贵族墓地所在，但并没有发现虢国国君的墓葬。国君墓葬到底在哪里，成为一则悬而未决的疑团。

二、遭受疯狂盗掘

1989年，上村岭村民在距离20世纪50年代考古发现的虢国墓地以北百余米的地方开始大规模建房。这里的居民很多曾经受雇于考古队，对考古也算略知一二。当在施工前处理房屋地基时，有人发现一些地方土壤色泽、质地比较特殊、呈现出方形的印迹。他们意识到这可能是古墓葬，于是怀着"要想富、挖古墓"的想法，通过钻探、打洞，果然盗出了不少文物。

挖出宝贝的消息很快传开，更多的人闻风而动相继效仿。村落下面珍贵的古墓葬就这样一座接一座地被盗挖，大量的文物贩子也进驻三门峡。千年宝藏，危在旦夕！大量流出的珍贵文物引起了警方的重视，最终一批盗窃倒卖文物的违法犯罪分子被绳之以法。随后，为了抢救性保护这批古墓，考古工作队再次进驻上村岭，就这样，一项伟大发现的序幕正悄悄拉开。

三、劫后余生，惊现世间

首先被清理出来的是编号M2001的大墓。该墓保存相当完好，为土坑竖穴墓，长5.3米，宽3.55米，深约12米。墓壁以青灰色涂料处理，平整光洁。葬具为木质重棺单椁，葬式为仰身直肢葬。在该墓中发现的文物有铜、铁、金、玉、石、陶、竹木、皮革、麻布九大类，数量多达3200余件。这会不会是期盼已久的国君大墓？随着精美随葬品的不断出现，大家的内心开始充满了期待。

很快证据出现了，通过细致清理，在墓室内发现了由9座鼎与8座簋组成的青铜礼器群。鼎和簋是两周时期最为重要的青铜礼器，它们是权力的象征，神圣不可侵犯，其使用遵循着一套严格的制度。《左传》中记载春秋时楚庄王北伐，向周天子的使者询问天子所用九鼎的重量，就被视为极其无礼的举动。从流传至今的词语"定鼎"、"问鼎"中，我们也可以窥见这些青铜礼器在当时所受的重视。而在20世纪50年代所发现的虢国太子墓中，所使用的是7鼎6簋的礼器群，那么这座可以使用9鼎8簋随葬的墓主无疑有更高的地位。由此几乎可以肯定，M2001就是虢国某位国君的墓葬，沉睡多年的国君终于被唤醒了！

国君的威仪自然不同凡响，M2001的发现就像打开了一座通往周朝的时空隧道，一个个令人惊诧的发现扑面而来。

铜柄铁剑：M2001出土各类兵器200余件，尤以铜柄铁剑最为珍贵。铜剑柄外镶以美玉及绿松石，剑身与柄的结合处也镶有绿松石片。铁剑身外先以一层丝织品包裹，然后装入用牛皮精制而成的鞘内。这种利用玉、铜和铁三种材料制成的兵器，是中国早期冶铁制品特有工艺的反映，非常珍贵。经检测，它是目前中国得到确认的最早的人工冶铁制品。这一重大发现将中国人工冶铁的年代提早到了西周晚期。

玉覆面：M2001中还出土了大量玉器，但其中最神秘的要数覆盖在墓主人面部的玉覆面。它是由制成眉、目、鼻、口等形状的玉片组成的一组面罩，覆盖在墓主人面部。这些玉质五官望之栩栩如生，仿佛墓主人只是静卧榻上，随时可以开口说话。古人深信玉蕴涵着天地灵气，具有神秘的力量，所以殓葬时用玉覆盖住死者的七窍，为的是留住死者的灵魂，保护尸体不朽。当然这只能是一种美好的想象，但这件玉覆面却是后世金缕玉衣的先祖，在中国玉器史、丧葬史中留有重要的一笔。

M2001中还出土了金腰带、铜甬钟等宝物，不胜枚举。因为M2001重要的考古文物研究价值与历史研究价值，它被评为1990年度中国十大考古新发现之一，这殊荣堪称中国考古学界的"奥斯卡"。谁也没有想到，第一年这项桂冠竟再次落在另一座虢国国君墓——M2009的头上。同一处遗址两次获得考古学界的最高荣誉，而且是在连续两年中，这不仅前无古人，恐怕也难有来者。

M2009同为土坑竖穴墓，墓室为南北方向。它的规模在虢国墓地所有已经发现的墓葬中居第一位。其墓口长5.6米、宽4.4米，墓底略大于墓口，南北长6米，东西宽4.62～4.92米。墓室底部距地表深达19.3米。墓穴四壁用淡绿色颜料进行特殊涂抹装饰。墓中所使用的葬具为重棺单椁，棺外还有一个大型的棺罩。

M2009仅出土青铜礼乐器就达120多件，其中鼎更多达29件。出土的两套编钟更为珍贵，上面的铭文记载了墓主人生前曾辅佐周天子治理天下，管理臣民，"受天子禄"，其地位甚至较M2001的墓主人更高。此钟也是目前中国考古发掘出土的年代最早的两套编钟。M2009中出土的玉器，数量之多，品种之全，工艺之精，玉质之好，在周代考古中是罕见的。724件（组）玉器多为精绝之作，如尼纹玉璧、青色饕餮纹玉斧等。而玉器中最为精美的还属仿生动物玉雕，有神秘莫测的玉龙、凶猛咆哮的玉虎、振翅欲飞的玉鹰、活泼可爱的玉兔等等，千姿百态。

四、墓主人身份的猜想

大墓已经打开，那么这两座墓中安葬的究竟是哪位虢国国君呢？出土的青铜器铭文是最直接的证据。M2001中的数件青铜器上都出现了"虢季"的称呼，相应的，M2009中则可见到大量有关"虢仲"的铭文。那么，这两座墓的主人分别就是虢季与虢仲。但这并没有最终解开我们的谜团，因为在西周时期，周王国实行严格的宗法制度，这是一种用来标明王室贵族间亲疏远近的方法，其中嫡长子被认为是一个家族的"大宗"，也就是主脉，而他的兄弟们就是服从于他的旁枝"小宗"，这样世世代代流传又不断扩散出新的家族。这套制度的一个重要表现就是贵族们所使用的名字，在名字中既要彰显自己的家族，这就是姓氏，又要说明自己与家族主脉的亲疏关系，也就是自己在兄弟中的排位。于是用来表示顺序的"伯、仲、叔、季"就被普遍选做名字，也就是说虢氏家族中的"虢仲"、"虢季"实际上是有很多位的。这些称呼与其说被视为名字，倒不如看作是一种尊称。

难道我们无法确切知道M2001与M2009的墓主人究竟是谁了吗？已有学者对此进行了详细的分析，其思路是通过对墓葬的综合研究，判断出它们较为精确的年代，然后对照文献记载，那么大约生活在这个时间的"虢仲"、"虢季"无疑就是真正的墓主人了。经过研究分析，M2001的墓主人虢季很可能是周宣王时期的执政大臣虢文公，他的地位相当于后世的宰相。《国语》中记载了他多次向宣王提出治理国家的意见。而M2009的墓主人虢仲则很可能是辅佐周厉王南征淮夷的重臣虢公长父，但是对淮夷的征战没有取得胜利，厉王的苛政又使国民对其日益不满，最终他被赶出了国都。"国人暴动"是中国历史上一次重要的事件，而虢公长父也被文献记载了下来。

其实，包括虢文公与虢公长父在内的诸位虢国国君，在西周晚期都是周天子身边的重臣，地位在一般诸侯之上，所以两座虢国国君墓算得上是目前发掘的等级最高、随葬器物最丰富的周代贵族墓葬了。

慈禧陵墓随葬品下落之谜

1835年11月29日，也就是清道光十五年十月十日，镶蓝旗里出生一个女婴，她就是对中国历史产生重大影响的叶赫那拉——后来的慈禧太后。

1851年咸丰皇帝诏选秀女，第二年那拉氏被选入宫，封为兰贵人。1854年又被封为懿嫔，两年后她为成丰生下了皇长子载淳，从而晋封为懿妃。1857年她的地位再次得到提升，被封为懿贵妃，从此她在宫中的地位仅次于咸丰帝的皇后钮钴禄氏。由于得到咸丰帝的宠幸，慈禧开始干预朝廷政事。咸丰皇帝死后，她夺得太后的权位，与钮祜禄氏平起平坐。这也标志着继唐代武则天成为中国历史上唯一的女皇后，又有一位女性开始操纵中国的命运。

当时清朝的统治已处于风雨飘摇之中，民族矛盾、阶级矛盾、统治阶级内部矛盾日益尖锐。慈禧太后一面在外国势力和国内的统治阶级之间周旋，一面充分享受着"皇太后"的优裕生活，奢侈腐朽唯利是图。不仅如此，她还两次大兴土木，为自己修建了豪华的陵墓——菩陀峪定东陵。

她死后，陪葬的奇珍异宝不计其数。据大太监李莲英等所著《爱月轩笔记》记载：慈禧入棺前，棺底先铺上一层珍珠和三层金丝串珠绣花锦褥，棺头放满翠碧透、筋络自然天成的翠玉荷叶，棺尾则是一朵粉红色碧金大莲花。慈禧太后头戴珍珠串成的凤冠，身着通贯金线串珠彩绣袍褂。衾被上有用珍珠制成的一朵硕大的牡丹花，手上戴的手镯则由钻石镶嵌的一朵大菊花和六朵小梅花连贯而成。尸身旁放置有白玉、翡翠、红宝石、金雕佛像各27尊。脚下左右两边各放翡翠西瓜一个、翡翠白菜二棵、翡翠丝瓜二个，还有宝石制成的枣、杏、桃、李200多枚。她的尸身右侧放置一株玉雕红珊瑚树，上绕一颗青根绿叶红果的玉蟠桃，树顶处则是一只翠鸟。尸身左侧放着一枝

△ 清东陵慈禧墓

玉石莲花和三节白玉石藕，藕上有天然生成的灰色"泥污"，藕节上长着绿色的荷叶，上面开着粉红色莲花。棺内还有玉石十八罗汉、玉石骏马等700多种珍宝。为填补空隙，棺内还倒入了红、蓝宝石2200多块和4升珍珠。慈禧口中含有一颗巨大的夜明珠，当它被分成两块时，透明无光，合拢成为一个圆珠后，则能射出一道绿色寒光，在晚上的亮度可使人在百步之内看清慈禧的头发。由此可见，慈禧太后不仅生前穷奢极欲，死后也要躺在成堆的金银珠宝之中。从1879年慈禧墓完工到地宫最后封闭，共耗时30余年，其间还陆续向地宫内放置了各种金玉祭品、珍奇瑰宝1000余种。据估计，慈禧的随葬品约值白银上亿两。然而稀世珍宝给她带来的并不是永恒的安宁，而是横尸荒野之祸。

1928年7月，大军阀孙殿英盗掘了慈禧的陵墓，制造了震惊中外的盗陵窃宝案。

1928年夏，孙殿英率军驻扎在蓟县马仲桥，此地与清东陵仅一山之隔。这个军阀头子早就听说这两座清朝鼎盛时期的陵墓中藏有许多无价之宝。7

月，东北军一名土匪出身的团长马福田开枪打死奉军军官，趁队伍调防之机拉出一支人马，直奔东陵旁的马兰峪，准备挖坟盗宝。孙殿英得知这一消息后，马上以"剿匪"的名义，派第八师师长谭温江带兵连夜出击，赶走马福田，并以检查武器、搜索敌人为名直奔陵区。他们四处张贴告示，说部队要在东陵搞军事演习，然后在陵区内安营扎寨，设置了许多岗哨。各项准备工作完成之后，一场震惊中外的所谓的"军事演习"就开始了。

谭温江率领两个旅的士兵开进了菩陀峪定东陵的宫门。隆恩殿、东西配殿的64根金龙盘玉柱，不幸成为最先遭劫的艺术珍品。

匪兵们从一个建陵老人口中得知地宫入口的位置后进入了古洞门，然后在15米长的青砖券尽头的"金刚墙"地面处，炸开一个洞口进入地宫。闯过地宫最后一道堂券——"金券"，券顶及四壁均为汉白玉石，室内正中摆放着"宝床"，它是一个汉白玉座，慈禧太后的棺椁就摆放在宝床上面。

当匪兵们小心翼翼地把五面斗形的棺盖撬开，棺内放射出一片奇光异彩，慈禧如熟睡一般，只是脸一见空气就变黑了。棺内除慈禧的尸体外，全部都是奇珍异宝。匪徒们为了取宝方便，把慈禧的尸体扔到棺外。掀翻棺椁后，匪兵们发现底下有一眼井。传说这是一口神秘的"不竭不溢"的"金眼古井"，建陵时即取中了这口井的风水"穴位"，慈禧亲手将她手腕上戴的珍珠手串投入井中点"穴"。但她万万没有想到，自己费尽心机建造的藏满奇珍异宝的地下宫殿，却变成了大军阀孙殿英的宝库。

盗宝事件发生后，中外感到震惊。孙殿英为了不惹出祸患，将其中的精品分别孝敬给国民党的要员。他将慈禧墓中的翡翠西瓜送给了宋子文，慈禧口含的夜明珠送给了宋美龄，鞋上的宝石送给了孔祥熙，连蒋介石也得到了许多好处。尽管满清贵族的遗老遗少们要求严惩首犯孙殿英，但因他手握重兵，南京当局并不想严惩他。这场轰动一时的盗陵窃宝案只能不了了之，而落入孙殿英手中的那部分财宝也自此下落不明。

悬棺——古人岩葬之谜

中国古代南方的某些少数民族中间曾经盛行过一种奇特的葬俗——悬棺葬。

所谓悬棺葬，就是利用人工木桩或者天然崖洞，把死者的棺木悬置在万仞绝壁之上，远远望去，有的像鼓动风云的风箱，有的像韬光养晦的剑匣，有的像凌空欲航的小船，有的像珍藏秘籍的书匣，激发着人们无穷的遐想。明代诗人朱维京有诗云：

岩有千年骨，梯悬万仞船；

夜间仙乐动，缥缈五云边。

这就是我国古代悬棺的真实写照。

一、神奇的传说

关于悬棺的产生，三峡一带流行着一个神奇的传说。

很久很久以前，大宁河边有位少年被算定要当皇帝，但他必须从某月某日开始，100天内不得打开大门。到了第99天，少年家的大门意外地被打开了。与此同时，他家后园竹林里发出噼噼啪啪的震响，竹子一节节绽开，里面跳出一个个人来，又随即死亡。据说，这本是将来要辅佐少年的文武大臣。家里人用棺木将他们装殓起来，气愤的少年则用脚猛踢这些棺木。说来奇怪，一具具的棺木全部都跳腾而起，挂在大宁河两岸的岩壁上了。

清人洪良品在《东归录》中也转述了一些流传于唐宋间的悬棺传说："棺木峡。邵伯温《见闻后录》云：'棺木峡，三峡中，石壁千万仞，飞鸟悬猿不可及之处，有洞穴，累棺椁，或大或小，历历可数，峡中人谓之仙人棺椁云。'按《隋唐嘉话》：将军王果于峡口崖侧见一棺将坠，迁之平地，得铭云：'后三百年水漂我，欲坠不坠逢王果。'今洞穴在悬绝石壁千万仞之下，……望其棺椁，皆完好如新，不知果何物为之，亦异矣！"

悬棺中竟有一条预言300年后逢王果的铭文，这也真是太玄妙了。这些神奇缥缈的传说，给悬棺蒙上了一层神秘的色彩。

由于悬棺的神秘，自古以来，就有许多探险者纷至沓来，有的出于好奇想寻根究底；有的则是冒死求财。他们在崖壁上演出了一幕幕悲喜剧……

福建武夷山区的悬棺多是船形，人们称为"船棺"。明朝万历年间，福建崇安县有个叫张富郎的人到武夷山探险。他利用类似井上汲水用的辘轳，进入放置"木船"的山洞，只见几具尸骨横七竖八地躺在那里，最终一无所获。

白帝城下行约2公里处，被称为"风箱峡"，高高的岩壁上挂着一些箱状物，传说那是鲁班师傅的风箱。清末光绪年间，奉节有个大胆的人只身进入三峡口，攀上悬崖，取下一个"风箱"。令他失望的是，那实际上只是一具棺木，里面并没有什么传世的珍宝。

1971年，奉节县两个采药人登上江边悬崖，取下两具"风箱"。棺中保存有巴式铜剑、铜斧，以及汉朝使用的五铢钱等珍贵文物。

1973年，有两个外来人采用荡秋千的办法，经过反复荡动，进入了武夷山观音岩洞穴，推下一具棺木，企图盗走，因乡民及时向政府报告，才免于被盗。

这些棺木，经C14测定，一般都在2000年以上，有的竟达4000年之久，是商周时期的器物。

人们感兴趣的是：当时的生产水平非常低下，为什么要费尽千辛万苦，把死者的棺木悬挂在这高不可攀的悬崖峭壁之上？又是怎样安放上去的呢？

二、棺悬高崖意义何在

一种意见认为，这是某些民族的风俗习惯。而这种风俗习惯又是他们洞处穴居或者水行舟居生活的反映。据考证，古代武夷山地区的越人，大宁河地区的濮人，湘西五溪蛮人，云南僚人，四川僰人，以及东南亚的滨海民族，都有此种葬俗。

三国时期的东吴丹阳太守沈莹所著的《临海水土志》记载了浙江、福建

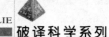

一带的民居和葬俗。他说："安家之民，悉依深山，架立屋舍于栈格上，似楼状，居处、饮食、衣服、被饰与夷民相似。父母死亡，杀犬祭之，作四方函盛尸，饮酒歌舞毕，乃悬著高山岩石间，不埋土中作冢椁也。"

唐代张鷟的《朝野佥载》详细记载了湘西"五溪蛮"人的悬棺葬俗："五溪蛮，父母死，于村外阁其尸，三年而葬，打鼓路歌，亲属宴饮舞戏，一月余日，尽产为棺。于临江高山半肋凿龛以葬之，自山上悬索下柩，弥高以为至孝，即终身不复祭祀。"

宋代朱辅的《溪蛮丝笑》也记述了南方的某些少数民族，人死后先埋在土中，隔一段时间再取出尸骨，放在大树上或岩穴里。

生居岩洞，死葬岩洞，是南方民族特有的习俗。福建、贵州等地的悬棺常常置在傍水的高崖之上，更是古代南方民族"冰行山处"习俗的反映。

一种意见认为，这是某些民族宗教观念的反映。

古代埃及法老的金字塔旁，常常同时埋葬有大型船只，安排有拉纤队伍，他们认为，这只船将会把死者的灵魂载入永生的天堂。中国的一些古老民族的宗教观念也大略与此类似。

在一些近水民族看来，船是"普度死者灵魂的器具"，"同他们密切相关的这只船，会把它们的灵魂载回故乡，或驶向另一个美满世界去"。而另一些山居民族，则把高山险峰视为神灵所居或通天之路而顶礼膜拜，他们把死者的灵柩置于高山崖穴之间，使死者的灵魂更接近神仙天国，更易于皈附神仙天国。

还有一种意见认为，这是对死者的尊敬，是原始的祖先崇拜观念的反映。

悬棺葬的死者大多在部落或族群中有很高的声望和地位，往往是一方领袖。他们死后，人们还让他们能居高临下，俯视山河，以护佑他们的家园和子民。而且棺木放于悬崖峭壁之上，敌对部落无法破坏，野兽也无法侵袭。对有祖先崇拜和英雄崇拜习俗的一些少数民族来说，部落首领灵柩的安危，关系到整个部落的命运和兴衰，因此，不惜代价地将首领的灵柩悬葬于高高的山崖之上，也就是理所当然的了。

《马可·波罗游记》写道：土僚人死后，用小匣装部分尸骨，"携之至高山山腹大洞中悬之，俾人、兽不能侵犯"，人们用这种方法，表达了他们对死者遗骨和亡灵的尊敬。

此外，还有人认为，这是一种祈福方式，用以趋吉避凶。

《叙州府志·外纪》说，叙州一些少数民族，对死者的棺材"争挂高岩以趋吉"。元代乌蒙路宣慰副使李京，曾根据自己的亲身经历写了《云南志略》，他说，土僚人死后，"置于千仞巅岩之上，以先坠者为吉"。放得越高越好，坠落则越快越好。为了后嗣子孙的吉祥，只好让尸骨越爬越高了。

三、"倒吊和尚"和"孟良梯"

凡是看过悬棺的人，自然会产生这样一个疑问：这重达几百斤的甚至千斤的木棺，是用什么方法悬置于陡峭的岩壁之的？据实地考察，这些悬棺低者离地十余米，高者达几百米，古人又没有起重机、大吊车等设备，这真是一个令人兴趣盎然却难以索解的谜。

人们对此议论纷纷。一说是修栈道而运悬棺。据武夷古越族船棺葬习俗，部落首领使用不易腐烂的楠木做船棺，且陪葬品甚多，不愿为人所知，便选择在风雨之夜，兼用人力、畜力，顺着事先铺设的栈道，把船棺运入岩洞。葬仪完成之后，撤除栈道。无论是盗墓者或者破坏者，想要在比较短的时间内恢复栈道，都是不可能的。利用栈道安置的悬棺，在悬棺之下和附近崖壁上，大都留有许多15～20厘米见方的小洞。据说，现在九曲溪两岸的岩壁缝隙处，还可以看到一些残存的木料，很可能是安置船棺后为了确保它的安全拆除未尽的遗物。

比较典型的例子还有长江三峡的著名景点"孟良梯"。

孟良梯位于瞿塘峡口之长江南岸，即粉壁墙东边的绝壁上，壁上尚存65个方形凿孔。孔深33厘米，宽26厘米，高23厘米，孔距约1米，自下而上分为三段，呈"之"字形，一直排列到高不可攀的山腰。在第三段中间，还可以看到一根残存的木桩。这列石孔，人们称之为"孟良梯"。

孟良是历史小说《杨家将》杨令公麾下的一员大将。北宋名将杨继业在我国北方的戍边战争中屡立战功，后因重伤被俘，绝食而死。其事迹在民间广为流传。据奉节一带的民间传说：杨继业死后，其尸骨埋在白盐山巅的

△ 悬棺

"望乡台"上。一天晚上,孟良为盗迁尸骨,在此开凿石孔,攀援而上。不料石孔才凿到山腰,便被一个存心使坏的和尚发现。和尚假装鸡叫,孟良误以为天亮,怕被人发觉,只好停止打孔。后来,人们便把这列开凿到半山戛然而止的石孔称作"孟良梯"。

有趣的是,在孟良梯稍东的绝壁上,有一长条略微突出的奇石,很像一个光头赤足的和尚倒悬其上,故名曰"倒吊和尚"。传说,他就是受到孟良惩罚的那个学鸡叫的和尚。

传统的解释是,这列石孔是古栈道遗迹。古代长江南岸的白盐山上,曾经有过一座古老的城镇,这条栈道就是由此城镇通向瞿塘峡口及白帝城的要道。石孔只凿到山腰,是因为石孔以上可以通过悬索攀登的缘故。

其实,这也是一种误解。这列只凿到半山而止的栈道,其目的只有一个,那就是安置悬棺。《中国悬棺葬》的作者陈明芳正确指出:"由此梯从江边登上崖顶,缘崖口过狮子岩即是盔甲洞上打有'牛鼻孔'的地方。梯子附近还有吊槽、粉壁等洞穴岩葬。林向先生推测，这种孟良梯的用途，也是为了吊运棺木。"

但是，一般安置悬棺之处都是悬崖绝壁，并无缓坡之处，而在绝壁之上凿孔、铺设栈道，不仅非常艰难，而且也不便于运作，因此这种解释用于某些特例则可，而非安置悬棺的通例。

四、由下而上，还是由上而下

另一种说法是，悬棺是通过绳索从下往上吊装的。

据《武夷山志》载："减化间有乡人削竹签，插仙船岩壁，攀引而上。""村民能猿猱者尝登之，棺不施钉，可开视。"

考察各地已发现的悬棺棺木，大多棺盖或棺身带柄，或者在棺木首尾两端凿有对称的方孔，显然这是用来系绳索以备升降之用的。从武夷山船棺葬地区取出的一具船棺，棺盖头部有一道明显的绳勒痕迹，宽约3厘米。这些细节，都似乎可以作为吊装运送的佐证。

1989年4月，我国新闻媒体报道了美国加州圣地亚哥分校的美国学者和上海同济大学、江西等地的学者合作，采用绞车、滑轮等机械装置在江西贵溪仙岩把一具重约150公斤的模拟棺木，吊进了一个离上清河水面约20多米的悬崖洞穴之中的事，据说是"重现了两千多年前的古人吊装悬棺的壮烈场面"。

有关专家认为，姑不论类似于绞车、滑轮之类的工具古代到底有没有，仅就地形而论，悬棺葬大多在临江面水的高崖绝壁之上，下有湍急的流水，上有陡峭的崖壁，特别是武夷山诸峰，特点是上丰下敛，其峰腰洞穴多是朝内斜嵌，吊棺垂直上升似乎很难解决进洞问题。

如果悬棺葬具不用数百斤重的棺木，而用布袋、陶瓷之类的器物殓装尸骸，那么，利用事先在岩上固定的绳索，或者用竹木架设的长梯，人们也可以将其运送到一定高度的天然洞穴或者人工凿穴之中。在国外，菲律宾巴拉望岛悬棺葬的瓮棺，就是利用事先固定在岩上的绳索，由人力背负攀援而上，最后送达岩洞的。印度尼西亚托拉贾人的穷家小孩，死后常用布袋装殓，然后由两人搭木梯传送至岩洞之中。

　　不过，许多人都认为，根据重力原理，在同样是使用绳索吊运的情况下，与其是自下而上，倒不如自上而下用悬索下棺，才算是一种比较简便、比较合理的放置方法。

　　早在唐代的《朝野金载》中，就有"自山上悬索下柩"的记载。千百年前，古大宁河地带、武夷山区都还是原始森林，那悬崖绝壁上古藤丛生，为悬索下柩提供了攀岩附壁的条件。只要从上缒下几个"葬礼先行官"，在洞口预先架设几根横木，人们在峰顶就地取材，伐楠制棺，然后吊坠而下，先搁在洞口横木上，再由"先行官"推进洞里。

　　那么，怎样把几百公斤重的棺木运送到悬崖绝壁之上的呢？陈明芳教授通过在湖南、江西等悬棺葬集中的地区考察后认为："因为是由低处向上仰望，所以只见到放置棺木的山崖高峻无比。……实际上那些拔地而起、突兀峭立的山崖顶上、背后及其两旁的地势均平缓、开阔，而且都通往人们居住的村寨，古代的人们从山崖背后或其侧面将几百公斤的棺木运送至山顶并不十分困难，无须像某些现代人设想的那样得靠绞车、滑轮等机械进行提升。"

　　此说虽较为可信，但也引起人们的质疑：因为某些悬棺上的峰顶根本无法攀登，也不一定有可供制作棺木的楠木。

　　例如，老鹰岩高达100多米，四周都是峭壁悬崖，从下至上没有一处可以攀援。悬崖顶上伸出岩石，如同一只展翅欲飞的老鹰，盘旋于高空之上，为悬棺提供了良好的遮风避雨场所。但在这刀削斧砍的悬崖峭壁上，无论是从"鹰头"还是"鹰脚"，都很难将棺材放到现在的位置。

　　此外，还有人说，悬棺是洪水齐天时的遗物，那时水位很高，无须向上或向下悬吊；也有人说，利用堆土法，即利用地形，堆起土台，棺木进位后，再将土撤除；甚至还有人说，是架设木架和云梯，类似于传统的高层建筑的脚手架。不过，对这几种说法，相信的人甚少。

　　悬棺是一种特殊的葬俗，也是一段特殊的历史。不管方法究竟如何，我国古代劳动人民在悬棺葬的习俗中，确实显示出了卓越的高空建筑本领和工艺水平。

神秘的图特卡蒙陵墓之谜

图特卡蒙陵寝的发现是埃及考古史的一个重要转折点，这一伟大的发现是与一位名叫霍华德·卡特的英国考古学家的名字联系在一起。此外，资助他进行发掘的卡纳冯勋爵也同时参与了这一最伟大的发现过程。

1903年，英国考古学家霍华德·卡特前往埃及。1906年，他开始着手进行出土工作。一开始，他选定了国王谷里一小块面积准备进行挖掘。他们拆去工房，清走复土，立刻看到图特卡蒙墓的入口，这是埃及最为豪华的陵寝。卡特写道："这突然的发现真使我瞠目结舌，接着一连数月不断的收获接踵而至，忙得连想一想都来不及。"

卡特是在1922年11月3日动手拆除古工房的，当时卡纳冯勋爵正在英国。次日上午，第一座工房拆掉以后，下面就露出一层凿在岩石里的石阶。到11月5日下午，复土清理得初具眉目，这时已经可以肯定是发现了一座陵墓的入口。

挖掘工作在加紧进行，这一天的时间慢慢地过去，卡特的心情也越来越激动。当埃及的夜幕突然降临时，已经挖到第12层石级，这时已露出一座门的上半部，门用石块堵住砌牢并盖有印章。一座封闭的墓门找到了!

卡特仔细观察封戳，确定是国王的墓室专用的。既然有王室的封戳，墓中一定安葬着非常显要的人物。入口的上方存有建陵工人的住房，可以证明这座陵寝至少从第二十朝以后尚未遭受劫掠。卡特一面激动得双手发颤，一面在那墓室的门上钻了一个洞，洞的大小"刚刚塞得进手电筒"。他看到门里的通道被大小石块堵得严严实实，这进一步证明建陵以后采取了各种周密的保护措施。

12月24日，工人们清出了最后一级石阶，卡特走下16级石阶，面对着封

△ 埃及帝王谷陵墓群

闭的墓室门，这时他清楚地看到了图特卡蒙的封戳，但同时他也看出了埃及学家经常遭到的情况——陵寝已经被人挖过，盗墓贼也在这里做过手脚。

"墓室门全部清出以后，"卡特说，"才能看清这个门的一部分曾两次被人打开然后重新封闭。另外，起初发现的豺形和9个俘虏图形的封戳是印在重新封闭的部分的，而图特卡蒙的封戳则印在门的原来的部分，这才是最初的封戳。由此可见这座陵墓并非如一开始所想的原封未动。

盗墓贼进去过，并且不止一次，墓上的工房说明盗墓的年代不迟于拉美西斯四世在位时期，但重新封闭的痕迹又可证明盗墓者并没有把墓内洗劫一空。"

随着第二道墓门的清出，气氛突然变得紧张起来。卡特后来回忆道："决定性的时刻来到了。我用颤抖的手在门的左上角钻了一个小洞。"

卡特把一根铁棒伸进孔去，觉得门里是空的。他点燃几支蜡烛进行测试，确定没有含毒气体以后，就叫人扩大门上的洞。

卡特慢慢地转回头激动地说："看见很多了不起的东西。"

事后卡特回忆当时大家轮流从洞口向里面观察时的情景时，他写道："我们在烛光下看到的景象在考古出土史上是空前的。当月17日墓室门正式被打开以后，证明这话并没有丝毫的夸张。在一盏移动的强光电灯照耀之下，人们看到几张金色躺椅、一张包金宝座、两尊巨大的黑色雕像、若干雪花石膏瓶和几座奇形怪状的神龛。墙上映出奇特的兽头的影子，一座神龛的门开着，一条金蛇从里面向外探头。两座雕像如站岗一样面对面站立，身穿金裙，足踏金鞋，手执权杖，额头上盘着护身眼镜蛇。"

这一切真是金碧辉煌，美不胜收，然而这里同样发现了入侵的痕迹。门旁有一个装着一半灰浆的容器，旁边有一盏乌黑的油灯。有一处有几块指痕，看得出是刚刚涂好的漆面留下的，门槛上放着临走时留下的花环。

卡特和卡纳冯看得瞠目结舌，定神以后，却又发现一件奇事：如此豪华的地下殿堂里竟没有石棺和干尸！这里究竟是陵寝还是地窖？这个问题再次在他们的脑中出现。

仔细审视墙壁之后，他们在两尊塑像之间的墙上发现了第三个封闭的门。"这时我们的心里浮现了一幅图景一间接一间的地下室，每一间都装满了我们看到的那些东西，我们想到这些就兴奋得喘不上气来。"卡特后来这样写道。当月27日，在卡仑德临时安装的强力电灯照耀下，他们检查了这道封起的门。他们发现在靠近底部的地方被人穿了一个洞，随后又重新封起。很明显，盗墓贼已经穿过前厅（他们把第一间墓室叫做前厅）继续向前活动过了。前面的房间或两道门里又有什么呢？门里假如有干尸，它还是完整的、未经破坏的吗？情况叫人难以理解。这里不仅在具体情况上不同于以往出土的所有古墓，而且出现了一个疑问：盗墓贼为什么费那么大的力气去穿过第三道门，而没有运走近在手边的那些宝物呢？既然过前厅，眼见大批的财宝而不为所动，他们要得到的又会是什么呢？

卡特和卡纳冯决定把挖出的陵墓填起。卡特清楚地意识到，决不能立即着手运走前厅和侧室的全部文物。姑且不论需要准确地记录所有物品的原来位置——这是为了确定年代和其他辨认方面的参考资料。卡特看到，许多文物是容易损坏的，迁出以前必须进行保护性的处理，至少在迁出以后立即进行这种处理，为此必须准备大量的保护和包装材料。

从发现陵墓起，全世界各地都有许多人表示愿意提

△ 考古学家查看图坦卡蒙木乃伊石棺

供慷慨的帮助。有许多外地专家为把这项空前的埃及考古做得更彻底、更精确贡献了力量。

12月16日，他们再次打开陵墓，12月18日，摄影师伯尔顿在前厅拍摄了第一批照片。12月27日，从墓中运出了第一件文物。前厅是在2月中旬清出的，这时已腾出地方，可以进行人人企盼的下一道工序，即打开两座立像之间的封闭门。

卡特十分小心地去掉上层封口碎石。他只望见一片闪光的墙壁，此外什么也看不到。他转动着电筒四处照耀，还是看不到头。显然，这堵墙挡住了门内房间的通路。这是一堵黄金铸的墙壁。卡特小心地快速取掉石块，不一会儿，旁边的人也看到一片金光。

这时已经看清葬室地面比前厅要低3.2英尺。卡特拿着一盏电灯从洞口下去一看，不错，他是站在一座大神龛旁。这神龛硕大无比，几乎塞满整个房间。

首先，跟随卡特进入葬室的是卡纳冯勋爵和开罗古迹服务部长比埃尔·拉考。金碧辉煌的葬室使他们瞠目结舌了。多次测量以后，确定神龛的尺寸长为17英尺，宽11英尺，高9英尺。龛体全部用黄金覆盖，四面镶着鲜艳的蓝釉饰板，上面的图案是各种宗教象征图形，旨在保护死者。

这时大家都担心的是，盗墓者究竟曾否来得及进入神龛里面去？他们有

没有破坏干尸？卡特发现，龛的东门是闩着的，但没有加封。他双手颤抖着拉开门闩。里面又是一层折叠门，也是闩着，而且封得好好的。从这道门进去就是大龛里面的小龛。

这时，三个人都放心地喘了一口气。以前打开的房间哪一个都看得出有人进去过，但这整个陵寝的关键部分却可以肯定，他们是第一个进来的。他们将会看到3000年前在这里安放的、原封未动的木乃伊。

一开始是拆除了前厅和安葬室之间的砖墙，随后是拆开第一层金龛。第一层打开以后，发现里面还有第二层、第三层金龛。卡特认为有充分的理由肯定第三层金龛里就是石棺。他在回忆打开第三层金龛时写道："那是我们辛勤工作过程中难以忘怀的时刻。当时我按捺着激动的情绪，小心地割断绑索，去掉那珍贵的封口，拉开门闩打开门。这时我看到里面有第四层金龛，它的花纹和第三层类似，但比第三层更为精巧……对于考古学家来说，这真是难以形容的时刻！再下去是什么？第四层金龛里装着什么东西？我极度兴奋地拉开最后一层金龛的门闩，去掉门上的封皮，慢慢地把门打开，里面装得满满的……是一口硕大无比的黄色石英岩棺材。它是完好无损的，完全是当年那些虔敬的人们把它安葬以后的样子。在几层金光闪闪的龛匣陪衬之下，这是何等令人难忘的景象！棺的下端有一尊女神，她张开双臂和双翅托住棺脚，像是要预防有人侵犯的样子。"

从安葬室移出金龛是一项繁重的体力劳动，一共用去84天的时间。四层金龛由80多块零件组成，每件都很重，不好握持而且易于损坏。

2月3日，出土工作者终于看到了石棺的全貌，这是一部杰作。全棺用一整块质地细密的黄色石英岩凿成，长8.8英尺，宽、高各4.8英尺。棺盖是玫瑰色花岗岩做的。

绞车吱吱响着，1200多磅重的石棺盖徐徐升起，这时那些特邀的客人们又在周围注视了。"那庞大的石盖升起时，周围人一点声也没有。"人们向棺内看去有些失望，因为只看到用布包裹的一个粗大的捆。但当去掉包扎露出内棺以后看到的景象就大不相同了。

是国王的遗体吗？不是的。人们首先看到的是一具"人形棺"的棺盖，上面仰卧着那位年幼的国王的金像。

那黄金像初出熔炉一样亮得耀眼。像的头和双手铸成立体的，身体用浅浮雕，周身装饰极为华丽。双手交叉，握着钩和鞭这两件王权的象征，上面用蓝釉镶嵌。脸用纯金铸成，眼睛是霰石和黑曜岩做的，眉和眼睑是大青石玻璃的。脸上表情严峻而淡漠，但栩栩如生。棺材是三层套棺，第二层的盖上是那位年轻的法老的金像，他身穿礼服，周身是奥赛里斯式的华丽装饰。打开第三层套棺时

△ 图坦卡蒙黄金面具

并没有发现更多的新东西，但在整个操作过程中工人们觉得这些套棺重得出奇，使人难以理解。这座墓里的稀奇现象层出不穷，这时人们又发现了一件。摄影师伯尔顿拍过照片，卡特取掉花环和裹布，才弄明白棺材沉重的原因。第三层棺材长6英尺1.75英寸，厚0.15~0.21英寸，整个是纯金制造的。

人们松下几个黄金佛头，然后手提金握柄移开最后一层套棺的棺盖，露出了木乃伊。

从墓中许多画面和浮雕以及日用品来看，图特卡蒙给人的印象是性格比较可爱，但是关于他的政绩或作为埃及的统治者有何建树现在仍一无所知，只活了18年的国王大概是不会有什么重大成就的。卡特说，就我们所知，图特卡蒙一生唯一出色的成绩就是他死了并且被埋葬了，这话是有道理的。

这位法老的干尸既豪华又可怕。尸体上浇灌大量的油膏，这些油膏已经干硬，变成黑色，把寿衣紧紧地黏在尸体上。

整个干尸已经变黑并且变了形，但头部和肩部盖着的一个黄金面罩却金光闪闪，显出帝王的尊严。黄金面罩与干尸的双脚没有黏上黑油。

第二层棺是木棺，第三层是金棺，套在木棺里。人们几次努力想把它们

分开都没有做到，最后把整个棺材加热至华氏932度，费了很大力气才成功了。移出干尸以后，金棺用锡片套起加以保护。

11月11日上午9时45分左右，解剖学家德利医生剪开了干尸和外层包裹布。除脸部和双脚未黏油脂以外，整个干尸已经坏得不成样子。油脂所含的松香的氧化作用造成一种燃烧现象，不仅毁坏了裹布，连肌肉和骨头也都烧成了焦炭。有些地方如双腿和臂部下面的黑壳极硬，只能用铁凿除去。

其中一项重大发现是尸头下的一只护身枕。这枕头放在类似王冠的一个垫子之下，而垫子则是用外科技术扎在尸头上的。护身枕本身并无出奇之处，另外还有许多"护身神铠"贴身裹紧，如护身符以及各种象征符号和符咒等，重要的是这只枕头不像别的类似枕头用赤铁矿造成，而竟是一块纯铁！同时还发现一些类似铸模的小型用具，这是埃及发现的最早的纯铁制品。

当人们小心翼翼地从那年轻法老的烧焦的身上慢慢剥去最后一层裹布，那肌肤腐烂得用毛刷轻轻一碰就会跌落一块，最后展现了那年轻的国王的面孔。用卡特的话说，那是"恬静而安详的面孔，一个青年的面孔"。他说："从脸上看得出是个有文化、有教养的人，五官很端正，特别是那轮廓鲜明的双唇。"而干尸的裹布里一共发现143块各类宝石。这位年仅18岁的法老是用黄金和珠宝层层包裹起来的。

法老究竟是怎么死的？金室玉椅、珠围翠绕增添了这个年轻人命丧黄泉的悲剧气氛，但却没有给人们了解历史真相提供多少线索。也许，在这个怪石狰狞的幽谷里，还会埋藏着更加惊心动魄的证据来帮助人们揭开这个谜底。

马其顿王陵之谜

希腊北部的萨洛尼卡附近的弗吉纳村，坐落在一个毁灭于2000多年前的古城遗址上，那里有很多馒头状的古墓和荒冢。多年来，它吸引了很多考古学家的视线。1977年11月10日，希腊考古队在挖掘当地的一个古墓时，终于有了惊人的发现，新闻媒体称之为"第二次世界大战之后欧洲最重要的考古发现"。

这座古墓的封土周长96米，高11～13米。在地下5.2米处是长方形的墓室，由大理石垒砌。墓壁上刻着一幅精美的猎狮壁画：一个头戴月桂冠的青年骑手率领几个骑马的猎手正用长矛围刺一只狮子。在墓室中有70多件殉葬品，其中有盔甲、王冕、盾牌、刀等。盔甲上除了镶嵌着闪闪发光的金饰品外，还刻有雅典女神和狮子的浮雕，显得异常精美。

在墓室中央，放有一个白色的大理石棺。棺内有一个长40厘米、宽35.5厘米、高17厘米、重11千克的用纯金打造的骨灰盒。盒底有狮形立脚，用黄金铰链固连在石棺内。盒体四周刻有棕榈叶、玫瑰花等纹饰。

盒盖上刻着一颗"光芒四射的星"，这是马其顿国王专有的徽记。盒内除了死者的骨灰和两颗牙齿外，还有一个历代马其顿国王都喜欢戴的金头箍。在金盒外面，有一根1.83米长的包金竹鞭，这是马其顿王权的象征。

在另一个制式与大墓室相仿的较小的墓室中，也有一个石棺，棺内同样有一个纯金骨灰盒，约8千克重，里面放着死者的骨灰和一顶华丽的妇女冠冕。

此外，人们在墓室中还找到5个精美的象牙雕像。虽然没有任何文字记载，但考古学家们还是一致断定这是马其顿国王菲利浦二世的陵墓。那5个象牙雕像上刻的分别是菲利浦二世及其父母、妻子和儿子亚历山大。菲利浦二

△ 韦尔吉纳考古遗址中腓力二世陵墓

世陵墓的发现，勾起了考古学家们一个更大的欲望——他的儿子亚历山大的陵墓究竟在哪里？

要知道，正是这位雄才大略的亚历山大大帝，于公元前336年菲利浦二世遇刺之后继承王位，在短短的13年里，东征西战，打败了强大的波斯帝国，建立起了地跨欧、亚、非三大洲的帝国，并修建了著名的亚历山大城。公元前323年，亚历山大在征战途中，染上了疟疾，不久病逝。其部属托勒密（后来成为统一埃及的奴隶制国家国王）用灵车把亚历山大的遗体运到埃及，并安葬在亚历山大城。托勒密一世和托勒密二世还为他建造了一座富丽堂皇的陵墓。

据史书记载，罗马人占领亚历山大城后，恺撒曾经拜谒过亚历山大陵墓。奥古斯丁皇帝曾在亚历山大陵墓前的塑像头上加了一顶金冠，在棺木周围放了一些鲜花。公元前3世纪时，卡拉卡尔皇帝也曾拜谒过亚历山大陵墓。这以后，关于亚历山大陵墓就没有任何见诸文字的记载了。

1498年，葡萄牙人发现通往印度的南部航线后，亚历山大城的商业地位下降，再加上多次发生破坏性的大地震，使许多古老建筑遗址都遭到严重破坏。19世纪初，那里修建海港，遗址的残垣断壁有的成了建筑材料，有的则被埋在地下，历史古迹已经荡然无存。

考古学家研究后认为，亚历山大陵墓很可能位于亚历山大城东郊的皇宫区，在两条主要街道的交叉点上。因为按照希腊的习俗，创建城市的国王死亡后会成为神，一般都埋葬在市中心，让亡灵庇护全城。前几年，考古学家在一个古陶灯上发现了一些建筑物的图案，在这些建筑物中有一个圆锥形的建筑可能就是亚历山大的陵墓，因为奥古斯丁的陵墓是带尖顶的庞大的圆柱形建筑，很多学者都认为它是仿造亚历山大陵墓建造的。

英国人维斯曾对托勒密王朝的墓地进行过仔细的分析研究，他们认为这些墓应当同亚历山大陵墓相像。他想象亚历山大的棺木是安放在一座宏伟的庙宇里，周围是一些圆柱，墓里一定放有许多稀奇精美之物，墓内还可能保存着从埃及各处庙宇送来的经书及有关历史记载。20世纪末，一个惊人的大发现大体上证实了这些猜想。专门研究古代马其顿历史的考古学家安得罗尼克斯发现了亚历山大的父亲——腓力二世的陵墓。

惊喜之余，人们不禁要问：腓力二世国王的陵墓尚能找到，难道他儿子的陵墓就不能寻觅，悄然失踪了吗？但事实毕竟是事实，亚历山大陵墓的确神秘莫测，令人难以捉摸。

谁能解开这个陵墓之谜？人们耐心地期待着。

泰姬陵的设计之谜

　　瑰丽无比、壮丽辉煌的泰姬陵，位于印度北方邦西南部的亚格拉市郊区，距新德里195千米。整个陵园长576米，宽293米，占地17万平方米。今天的泰姬陵不仅是世界七大建筑奇迹之一，也成了印度文化的象征。

　　据说，泰姬陵是莫卧儿帝国第五代皇帝沙·贾汉为思念其宠妃泰姬·玛哈尔而建造的一座陵墓。泰姬·玛哈尔的意思是"宫中首选"或"宫廷的光艳"。年轻貌美的泰姬19岁就为皇帝生儿育女，前后共生了14个。在1631年，当她生最后一胎时，不幸因难产而离世，享年38岁。沙·贾汉悲痛至极。当初在病榻前，泰姬要求皇上答应她两个遗愿：一是不再续娶；二是为她建造一座陵墓。所以，世人一直把泰姬陵视为印度人对爱情忠贞不渝的象征，更把它看做印度伊斯兰文化中的无价瑰宝。

　　陵墓的建筑材料取自世界各地，有印度的黄大理石，巴基斯坦的白大理石，斯里兰卡的蓝宝石，阿拉伯的珊瑚，伊朗的紫水晶，俄国的孔雀石和中国的翡翠，集当时印度、波斯、土耳其的能工巧匠之精华修建而成。

　　陵寝居中，东西两侧各有式样相同的建筑：清真寺和答辩厅。从大门到陵寝之间有一条用红石筑成的甬道，两旁是人行道。中间有水池和喷泉，池水倒影、奇花异草、灌木浓阴相互辉映。甬道末端就是陵墓所在。整座陵墓建在一座高7米、长95米的白色大理石地基上，上部为一高耸重叠的穹顶，以苍天为背景，轮廓优美；下部为八角形的陵壁，四面各有一扇高达33米的巨大拱门。两边的门框上用黑色大理石镶有《古兰经》经文。

　　陵寝内有一扇精美的门窗，传说出自中国明代工匠的雕刻。在中央的官室里则设有一道雕花的大理石围栏。里面放着的就是沙·贾汉和泰姬的两座大理石棺，但这两座石棺却不是真的，真棺被安放在地底下的另一间地下室

△ 泰姬陵

内。石棺上用翡翠、水晶、玛瑙、珊瑚、孔雀石等价值连城的宝石镶嵌出精致的茉莉花图案，工艺精细、色彩华丽，可谓巧夺天工，无与伦比。

从外面看，由于整座陵墓是纯白大理石砌成的，因此，一天当中随着晨曦、正午和晚霞三时阳光强弱的不同，照射在陵墓上的光线和色彩变幻莫测，呈现出不同的奇景。每逢月圆之夜，景色更为迷人。因此沙·贾汉才会说"如果人世间有天堂与乐园，泰姬陵就是这个乐园。"

不难看出，泰姬陵无论构思还是布局都是一个完美无缺的整体，它充分体现了伊斯兰建筑艺术庄严肃穆、气势宏伟的独特魅力。那么，是谁设计和建造了这一杰作？

关于泰姬陵的设计者和艺术风格流派，目前大致有3种说法：

伊斯兰波斯说：近百年以来，《大英百科全书》的作者一直认为，沙·贾汉国王是泰姬陵的建造者。主要设计者是波斯人乌斯泰德·伊萨，没有一个印度人参与构思。

欧亚文化结合说：英国牛津学派的印度史学家史密斯坚持认为，泰姬陵是"欧洲和亚洲天才结合的产物"，当时欧洲文艺复兴时期的一些建筑大师，如意大利人吉埃洛米莫·维洛内奥、法国建筑师奥斯丁·德·博尔均参加了设计，所以在艺术风格上有西方的影响。

　　这种说法遭到印度穆斯林史学家莫因·艾哈迈德的反驳。他在1904年所写的《泰姬的历史》一书中，完全否认泰姬陵出自西欧文艺复兴时期大师们的设计这一"奇谈怪论"。

　　主体艺术印度说：印度著名史学家马宗达在坚持这一说法中最有名望。他说，在探讨设计者是谁时，不应忘却印度自身的因素。首先，从建筑风格上看，泰姬陵与古印度苏尔王朝舍尔沙的陵墓以及莫卧儿胡马雍的陵墓有前后继承的关系；其次，就建筑材料而言，纯白大理石这一材料及方法早在西印度的拉杰普特艺术中便已存在，因此不能把此陵的设计和建筑完全归功于波斯的影响和支配；最后，莫卧儿时代对西方已开放，东西方文化交流日趋扩大，西方艺术的某些因素的确对印度建筑风格带来影响，这完全符合历史发展的逻辑。

　　这几派学者各不相让，使这一问题更加陷入迷雾。看来，人们只有期待着将来某一天真相大白。

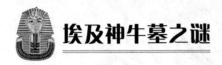

埃及神牛墓之谜

1850年，30岁的法国考古学家奥古斯特·马利耶特来到埃及。他到埃及以后，不久就发现了一个非常奇怪的现象：无论是在埃及官僚们豪华的私人花园里，还是亚历山大、开罗或吉萨的一些较新的寺庙前的狮身人面像，它们的雕刻风格都是一样的。马利耶特首先提出这样一个问题，这些狮身人面像是从哪里来的？

马利耶特在开罗附近的撒卡拉城里的古代遗迹间散步时，偶然看到一座埋在沙里只露着头部的狮身人面像，它的位置靠近一座阶梯式大金字塔。这金字塔已经证实为古埃及王左瑟所建。这座像绝不是马利耶特第一个看到的，然而，他却首先看出它和开罗以及亚历山大港的那些像十分相似。接着，他看到像上的一段铭文，那是有关孟斐斯的神牛塞拉皮斯的记载。

他在后来的回忆中写道："这时我想起了斯特拉蓬的话：'孟斐斯还有一座塞拉皮斯神庙。当地沙子极多，到处都是被风吹成的沙堆。沙里埋有各种斯芬克斯的雕像，有些露出一半，有些只露出头部。由此可以想象，在走向这座神庙的路上，如果刮起一阵风来是相当危险的。'"

马利耶特紧接着又说，"斯特拉蓬这段话，不正是为了在他去世18个世纪之后，帮助我们发现塞拉皮斯神庙吗？"

"眼前这座陷在沙里的斯芬克斯，再加上我在亚历山大城见过的另外15座雕像，显然就是一条指引我通向孟斐斯神牛墓的大道!此刻我忘了使命，把什么主教、修道院、科普特语和叙利亚语手稿等，统统丢在脑后。1950年11月的日出，是我自抵埃及以来最美的景象。在这座斯芬克斯雕像的旁边，30来名工人按我的命令集合起来开始挖掘，而我在埃及的生活也因此而大大不同了。"

△ 孟菲斯地下神牛庙

马利耶特断定有一支湮没了的狮身人面像的行列，其尽头就是传说中的西拉皮斯神庙。孟斐斯的地下神牛墓，和德尔巴哈里的国王谷木乃伊、图特卡蒙的陵墓，以及塔尼斯的王室墓穴，并列为埃及四大重要的考古发现。

直到1851年2月11日，马利耶特的发掘小组才抵达神牛墓的外围。当年，狮身人面像行列的两端有两座庙，马利耶特也把它们挖掘出来了，同时还出土一扯神牛塞拉皮斯墓，这是当地早已为人所知的特有的文物。

神牛就是活公牛，由牧师在庙里喂养，死后尸体以药剂保护，再举行隆重的葬礼，然后选出同样花色的公牛接替。这些神兽的墓地的规模不亚于神祇和帝王的陵墓。

马利耶特站在神牛塞拉皮斯的陵墓之前。地下墓室的入口处有一座安葬之前放置遗体用的教堂，其规模较之埃及贵族的平顶墓前的教堂不相上下。一条很陡的甬道通向长形墓室，里面安放着从拉美西斯大帝起数百年来无数具神牛的尸体。马利耶特发现，这些尸体每个占一间墓室，许多墓室沿着320英尺长的通道排成长列，加上后来出土的直至托勒密时代的墓葬，墓道总长达到1120英尺。

那些埃及工人借着摇曳的火炬光亮，跟着脚跟在马利耶特的后面，战战兢兢地不敢高声说话。马利耶特一个一个墓室看下去。神牛的尸体装在石棺里，石棺是由整块的黑色和红色花岗岩凿成磨光的，每个约高9.6英尺，宽64英尺，长128英尺，估计重72吨。

至此，马利耶特已经进入古代宗教这个神秘的领域。他接着又在埃德福、纳克和德尔巴哈里进行了挖掘工作，揭示出了古埃及丰富多彩的生活画面。

马尔他地窖探秘

一般人家的地窖都是用来盛放东西的，但是你见过要把人的骸骨也盛放在地窖里的地方吗？马尔他就有这么一个神秘的地方。

在马尔他岛繁荣兴旺的佩奥拉镇，一家食物店下面埋藏着地中海地区一座令人赞叹不已的遗迹。这座遗迹是1902年由一群建筑工人发现的。当时工人正在开凿岩石，建造蓄水库，突然脚下的岩石凿空，下面有个大洞，这竟然是一个凿通硬石灰岩而成的宏伟地下室。起初工人利用石洞来堆放碎石废泥和垃圾，但有一个工人认为这个洞穴不比寻常，并非自然形成而是人工凿成的石室，于是将此发现向当地一些考古学家报告。

那些考古学家搬走所有垃圾泥石以便进一步发掘勘测。他们发现里面石室众多，好比一座地下迷宫，最深处距离地面10米，石室一间一间地连通，上下共有3层。今人无以名之，只得引用希腊文中"地窖"一词，意思是地下建筑。任何人到此一游，莫不啧啧称奇。地窖的开凿工程十分浩大，至于建筑特色，包括石柱和屋顶，与马尔他许多古墓和庙宇如出一辙。但别的庙宇建筑在地面上，这座在石灰岩中凿出的结构与众不同，完全在地底。考古学家在地窖范围内越是往下发掘，越发觉这不像是一座庙宇，尤其是发现它总共埋藏了7000具骸骨的时候。那么这地窖到底有什么作用，又是什么时代建成的呢？地窖建成的年代比起地窖的作用较容易获得解答。当地与此建筑风格相近的其他庙宇，多建于公元前2400年前后，其时岛上的石器时代居民豪兴一发，建成不少宏伟庙宇。岛民以牛角或鹿角所制的凿子和楔子，用石槌敲进岩石以进行开凿，他们用过的两把石槌及做精工细活时用的燧石和黑曜岩工具，都发掘了出来。

我们对这些居民所知不多，但是从他们留下的精美建筑，可窥见他们卓越的建筑才能。地窖里一个从石灰岩凿出的窟，就足以证明这一点。在一个名为"神谕室"的石室里，有一堵墙壁削去一块，后面是状似壁龛、仅容一人的石窟。一个人坐进去照平常一样说话，声音可以传遍整个石室，并且完全不会失真。女人说话时因为声调较高，所以不能产生同样的效果。这石室靠近顶处，沿四周墙壁凿了一道脊壁，女人的声音就沿这条脊壁向四处传播。设计石室的人显然知道这个设计能产生特殊的传声效果。

因为发现了这个回声室，考古学家便认为这座地窖是在宗教方面有特殊用途的建筑，这石室说不定是祭司的传谕所。但祭司虽则必是男性，崇拜的对象大概是个女神，因为考古学家在地窖里发现两尊女人卧像，都是侧身躺卧，另外发现几尊特别肥大、也许以孕妇为蓝本的侧卧像。这些证据显示地窖可能是个崇拜地母的地方。不管崇拜的是什么神祇，这个地窖的阴森怪异环境，一定会使前来敬神求谕的人肃然起敬，每次进去总是诚惶诚恐。吓人的是整座建筑埋在地底，里面不见天日，置身于一个宽大石室中处处诡秘幽玄的气氛里，突然传来隐身人说话的声音，求神者一听，自然敬畏不已。

然而，一个宽度不足12米的小室里，竟然放了7000具人的遗骸，又应该怎样解释呢？骸骨并非一具具完整的骷髅，因为那么狭小的地方根本容不下7000具尸体。室内骨殖散落，说明那是以一种移葬方法集中到室内的，这种埋葬方式原始民族中很普遍。所谓移葬是初次土葬后若干年，尸体腐烂，成了骷髅，人们便捡拾骨殖移到别处重新埋葬。

这样说来，地窖不就是善男信女永久安息之地吗？这座庙宇是供人礼拜之地，也是供死者安息之处吗？马尔他岛上这些早期居民的宗教包括崇拜死者吗？

没有人知道马尔他岛的居民什么时候和为什么如此安放骨殖，也没有人知道这座庙宇在哪个时期变为墓地，还是初建时就具有两种用途。许多兀立在地上的庙宇是模仿早期石墓建造的。说不定这座地窖要把建筑方式倒转过来，因此这是一座仿效地上庙宇模式兴建的坟墓。

这一类问题都找不到确切答案，马尔他岛上这种举世无双的地下建筑到底为什么兴建，大概永远是个不解之谜。

南马特尔古墓的神秘诅咒之谜

南马特尔古墓位于茫茫太平洋的西南部。在那里有一座小岛名字叫波纳佩岛，虽然它很小，可是因为它古时曾受过印加文明的洗礼，所以它在世界地图和史册上都有一席之地。它的东南侧有个名叫"泰蒙"的小岛，名不见经传，是个被遗忘的角落。但正是因为发现了南马特尔古墓而令这个小岛声名鹊起。

珊瑚礁浅滩在泰蒙小岛上随处可见，岛上面还矗立着一座座用巨大玄武岩石柱纵横交错垒起的、高达4米多的建筑物。这些建筑物，远看怪石嶙峋，似一支支突兀水面的巨型石笋；近看又仿佛像一座座海神庙，大大小小共有89座。这就是西太平洋上神秘的"墓岛"。这些神庙环水相隔，散布在长约1100米、宽约450米的珊瑚礁基上。从空中俯瞰下去，犹如意大利的水城威尼斯，故有人把它喻作"太平洋上的威尼斯"。波纳佩人说，这儿是他们历代酋长的墓葬重地。

这些墓葬的建筑，被波纳佩人称之为"南马特尔"遗迹。波纳佩语中的"南马特尔"译出来有两个意思：一个是"集中着众多的家"；一个是"环绕群岛的宇宙"。南马特尔遗迹半浸在海水之中。为此，人们只有在涨潮的时候才能驾小船进去；退潮时，遗迹的周围是一片泥泞的沼泽地，小船和人根本无法进去。当地波纳佩人说，这是死者的意愿，因为他们根本不想让外人去侵扰亡灵的安宁。

南马特尔也有神秘的毒咒，只是咒语没有文字记载。据当地人说，这些古墓的秘密机关，从不用印加文或波纳佩语记载，而是靠口授秘诀。口授的内容只有酋长和酋长的继承人才知道。秘诀之所以不用文字记载，是为了防止泄露给外人，而受传授者切忌向外人泄露，否则将遭到诅咒，死神就会降

△ 南马特尔古墓

临到泄密者和窃密者的头上。

　　然而就有人不信邪。在日本占领波纳佩岛期间，一位叫做杉浦健一的日本教授，年轻气盛，想从印加文明考古中作出惊人的成就。他滥用占领者的权势，威逼当时的酋长说出了古墓的秘密。使这位泄密的酋长突遭雷击身亡。杉浦窃得秘诀后立即返回日本。他闭门谢客，独自一人躲进书房整理笔记，准备出版一本有关"墓岛秘闻"的书。正当他沾沾自喜之时，死神突然降临，他暴死在写字桌旁。事后，杉浦家族委托一位对印加人颇有研究的泉靖一教授继续整理遗稿。然而，当泉靖一接受这一委托后，也突然暴死。从此，由杉浦记录下来的古墓秘闻被付之一炬，无人再敢问津。

　　当地人说，凡是来此掘墓盗取文物与财宝的人都会死于非命。1907年德国统治南太平洋群岛时，一位名叫伯格的德国军官到波纳佩岛接任第二任总督，他对神秘的南马特尔遗迹发生了极大的兴趣，然后就用暴力向酋长逼问出了关于伊索克莱凯尔酋长古墓的秘密，企图进行武装掘墓。但是在伯格下令后不到一天时间内，部队还没有来得及出发，伯格就突然暴死。

　　关于这个古墓的种种离奇现象和古怪的事件都足够写一部新的"天方夜

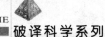

谭"了，它神秘却查不到丝毫确凿的科学依据。但是如果说仅靠一个咒语就有如此之灵的应验，那么科学家是怎么也不敢相信的。那南马特尔遗迹究竟又有什么机关呢？至今还是个谜。

尽管这个"墓岛"已致使不少知名人士丧生，令一些盗墓者闻风丧胆，但近年来仍有不少学者来此调查，其目的是想解开南马特尔遗迹的建筑之谜。

据调查，整个建筑物大约用去100万根玄武岩石柱，它们都是从该岛北岸的采石场开凿，经加工后用筏子运到墓地的。专家们还对此作了估算：如果每天按1000名壮劳力计，光从事开采石柱的毛坯就需要655年，而将石柱加工成五边形或六边形的石棱柱，又需花去300年的时间，再加上路上运输和最终砌成建筑物的时间，合计起来至少需要1550年。而波纳佩岛上现有人口2.5万人，而在南马特尔建造时期，岛上人口还不到现在的10%。也就表示那时岛上的居民只有大约2500人，1000名壮劳力的人数几乎占全岛所有可调动的劳动力。况且为了维持生计，当然还必须留一部分劳力从事农耕渔作。因此科学家们推想光凭借人力，这项宏伟的工程是很难完成的。

为了探讨人力之谜，一些从事地质研究的学者试图利用玄武岩的成因来说明这个问题，即玄武岩是岩浆冷却后的火成岩。据此，可以认为用手建造遗迹的五角、六角形石棱柱原是岩浆冷却凝固而成的自然体。但从石柱的表面分析，有铁器加工过的痕迹，这就排斥了自然成形的说法。

来自美国的调查小组曾用碳C测年术对遗迹的建造年代进行了测定。结果表明，南马特尔遗迹的建造年代距今已有800多年的历史。一些从事世界历史研究的学者又试图利用波纳佩岛的历史时代背景来说明问题：公元13世纪初是萨乌鲁鲁王朝统治波纳佩岛的时期。据此，可以认为环绕该岛的南马特尔遗迹是作为王朝的军事要塞而修建的。但历史又证明萨乌鲁鲁王朝创始于公元11世纪，只经历了200多年的繁荣时期就灭亡了。因此，在这么短的时间内就完成了这么浩大的工程，确实难以令人信服。何况当地人一再声称这是历代酋长的古墓，与军事无关……

目前，欧美的有关学者对南马特尔遗迹能否用人力完成这一问题，仍争论不休。

神秘的吉萨高地古墓之谜

对全世界的人与考古学家们来说，吉萨高地是一个神秘的地方，这里不仅有世界上为数最多的金字塔群，而且从1991年开始，吉萨高地先后发现的160多个古墓更加增添了它的神秘色彩。

许多古墓的形状与金字塔的外形非常相似。考古学家们虽然直到今天也不能解读这些墓壁上的象形文字，但它们显然跟金字塔有关。遗憾的是，这些古墓多半遭到盗墓贼的光顾，因此有价值的文物所剩无几。然而，有一个古墓却与众不同：首先，这座古墓有4600多年的历史，并且保存完好，没有遭到盗墓的任何迹象；其次，这座古墓是传说中埃及第四王朝三代国王大祭师们的下葬地。虽说目前还无法证实墓主的真实身份，但如果真是国王大祭师墓葬的话，那么墓中一定藏有大量跟第四王朝有关的历史资料，因为埃及古王朝的历史与文化当年只掌握在这些大祭师们的手中，象形文字和解释历史是他们特有的权力；然而，最吸引人的要数古埃及的谚语和美国大预言家埃德加·凯西的预言：埃及古谚语说，每当在世纪之交，埃及的一些神秘古墓就会被发现，在人类打开古墓的同时也打开了一个新的世纪。

每次关于古墓秘密的发现，大预言家埃德加·凯西起到了很大的作用。他自称接到过有关大金字塔和狮身人面像来历的超自然信息，预言每当世纪之交，有关金字塔或者其他古信息就会被发现，他当时预言的人类在19世纪末，将发现胡夫金字塔入口的消息后来被证实是准确的（胡夫金字塔的原始入口1881年被英国探险家霍华德。维斯打开）。埃德加更大的预言是：在狮身人面像的爪子底下或金字塔底下有一个规模浩大的地下"档案馆"，"档案馆"里收藏着有关人类起源和智慧发源的原始资料!这个地下的"档案馆"被发现的时间将是20世纪90年代末!让人感到吃惊的是，美国和英国科学家最

△ 吉萨金字塔

近用地震勘测法得到的结果表明：在狮身人面像的地底下确实存在一个规模庞大的地下建筑群！不过，埃及政府和文物部门却严禁任何人接近这块"禁地"。埃及政府的这种做法使许多专家认为：埃及一定已经发现了什么，也许发现了能震惊人类的东西，以至于害怕得不敢向人们展示！这次发掘的神秘古墓就位于被怀疑有地下"档案馆"的区域内，所以才引起世人如此关注。许多人甚至断言：人类有可能找回过去那段失落而又高度发达的文明！

站在狮身人面像的底下，哈瓦斯博士得意万分地介绍说，在他的脚底下确实如同预言家传说中那样，发现了一个巨大的三层地下宫殿，这也是他一生中最伟大的发现，也是埃及政府第一次向全世界公开这个秘密！

许多专家和学者很早就得出结论，狮身人面像是12000年前的远古文明留下的。哈瓦斯博士也说，在12000年前，古埃及在狮身人面像底下留下了许多记录，希望后人找到之后可以启发人类对史前时代有更多的认识。美国著名的预言家曾经说过，如果人类在狮身人面像底下找到了记录，那么人类就可以知道我们是谁，生命是怎么回事？当年的一些科学家也借助雷达证明了地下殿堂之说。

有人认为狮身人面像的底下确实有一个规模极为庞大的巨型建筑是天神

奥斯里斯的，而奥斯里斯专司衡量人间的是非功过。这个第一次在世人面前亮相的"奥斯里斯"地下神殿共有3层，真正的神殿是在地下深处的第三层。最神奇的第三层曾经被水淹过，神殿里有4根巨大的神柱，包围着一个被水淹着的石棺。虽说这里没有让人看到预言家所说的关于人类的秘密，但如此宏大的地下建筑却让人们叹为观止。而且地下工程的挖掘工作还远远没有完成，也许那里才隐藏着真正的秘密。

吉萨高地举世闻名，其魅力不仅因为古老，更因为神秘，因为埋藏着太多太多不可思议的谜。三座金字塔中的胡夫金字塔号称世界最大的金字塔，内部有个"王后殿"，"王后殿"的南北两面墙上均有两个狭窄的通道，看上去显然不是为了人类通行使用的。但经过数十年探索后，学者们在南通道的尽头竟然发现了一扇石门，上面还有两个金属制造的门把手！

此外，埃及考古人员还展示了一些以前从来没有向人们展示过的东西。其中几幅精美的壁画甚至展示了一些高技术的影子，比如一些非常像飞船和直升机的图案。最让人惊奇的是："直升机图案"的外形竟然跟目前美国空军使用的最先进的"阿帕奇"直升机的外形如出一辙。

历史教会人们思索，我们研究过去是为了更好地面对新的世纪。有的研究人员甚至断言，当人类在21世纪登上火星的时候，会突然发现，我们面对的不过是人类的过去。

消失了的神秘玛雅王陵探秘

　　神秘的玛雅文明对世界来说是一个奇迹。它以危地马拉和巴里约为发展中心，几乎波及整个中美洲，而最繁华的地方是危地马拉南部平原的贝登。这个文明于公元七八世纪时，繁荣到了极点，仅仅隔了一个世纪，突然，神殿被放弃，许多巨型建筑乏人保护，纷纷沦为断壁残垣的废墟，各地的祭祀中心也完全停止活动。枯草蔓藤侵入住宅和市街，使那里变成了一片废园残景，究竟发生了什么重大变故，使得玛雅人抛弃了美丽的江山故国？虽然历史上也常见民族因战争而灭亡，但玛雅人的城市既不毁于战火，也不毁于天然灾难，这已经由历史学家证实了。

　　据说玛雅人在909年的某一天，80％的人口突然明显地消失了，仅留下未建好的寺院。然后，自当天起祖先的睿智也急速消失，残留下来的玛雅人开始变得无知与颓废。残留下来的人，一方面"啊咿啊咿"地叹息，一方面为传授大自然的神秘及发现执法人的消失而悲伤。

　　玛雅文明消失的原因众说纷纭，大多数人相信当时遭受地震、飓风的侵袭，加上人口爆炸、粮食不足、农民暴动和异族侵入等原因，造成玛雅文明的衰亡。但是确实的答案还未出现，这个秘密的解开，有如拼图游戏一般，目前不过刚刚开始。

　　十多年来，为了更加了解玛雅文化，日本考古队数度"进出"中美洲各国，遍寻玛雅遗迹，终于在丛林里找到了失落的古文明——哥邦（音译）国王陵寝。

　　据《日本经济新闻》媒体报道，由神奈川大学日本常民文化研究所研究员中村诚一等人所组成的日本考古队，在2003年9月中旬于距离洪都拉斯西部的玛雅文明哥邦遗迹保护区不远的西侧地区，一处崩毁的小神殿的地下石室

△ 奥尔梅克文明著名的太阳金字塔、月亮金字塔。

内，赫然发现一具人类的骨骸，以及翡翠胸饰和雕刻线条精美的古物。

这个报道还指出，这些曾被湮没于历史洪流里的玛雅文明古物，出土后依然色泽亮丽，给人一种时空倒错的感觉，出土的四角柱状翡翠胸饰呈淡青色，长达24厘米，宽度有2.7厘米，厚度约逾2.5厘米，这个翡翠胸饰的表面还刻有一个造型非常漂亮的"战争之主（战神）"的人像，显示翡翠胸饰的主人在当年是一位拥有政治实权的大人物。

这些出土的人类骨骸及玛雅文明古物，经过洪都拉斯政府与欧美考古权威近2个月的考证后，在11月3日推定日本考古队这次所挖掘出土的宝物，是属于公元5世纪前半至9世纪前半期间，玛雅文明鼎盛时期的16位哥邦王朝国王中，其中一位国王的陪葬品，换言之也就是说，日本考古队终于找到了哥邦国王的陵寝。

玛雅的象形文字对大家来说也是个谜。虽然许多语言学家都被这些古文明吸引来了，但没有一人能读懂这些古书。无法断定玛雅文字到底是表意文字，表音文字或是音节文字。研究碑文五十年的德籍博士彼·锡拉斯绝望地说："要想了解玛雅碑文，是不可能的事。"尽管如此，包括日本考古队在内，迄今为止已有3位哥邦国王的陵寝和贵重的古物相继被发现出土。因此在这项利多因素的激励、促使下，日本考古学界预估未来还将有更多的日本学者专家，会一头栽进这个迷人的玛雅文明里。

古罗马莫索林陵墓探秘

公元前1世纪，古罗马作家瓦列里乌斯·马克西莫斯用自己那支犀利的笔，借着哲学家第欧根尼之口对一位叫做莫索罗斯的国王进行了一番口诛笔伐。在阴间，一贫如洗的哲学家对这座伟大陵墓的主人说："听着，你有什么可自负的，要拥有比我们大家都优越的地位？"莫索罗斯理直气壮地回答："首先因为我的统治地位！其次我很英俊，身材高大，而且身体强壮，适合统帅军队。但最重要的还是，我在哈利卡纳索斯城有一座非常宏伟的陵墓。难道你不认为我有权力为此感到骄傲吗？"哲学家不屑一顾："但是我最亲爱的朋友，我没有看出你从中获取了什么好处。你不得不承认，由于你躺在这么巨大的一堆石头下面，所以承受着比我们更沉重的负担，难道不是这样吗？"这个使国王受到嘲笑的陵墓就是位于今天土耳其西南部波德兰的古代哈利卡纳索斯的莫索林陵墓。

一、战争带来的考古发掘

公元前6世纪中叶，偏居伊朗高原南部的波斯部族崛起，推翻了雄踞伊朗高原的米底帝国，相继攻占了近伊朗、伊拉克、土耳其、巴勒斯坦、埃及、色雷斯、马其顿、土库曼斯坦、乌兹别克斯坦和北印度，建立了幅员辽阔的波斯帝国。波斯国王在全国各地共设置了四个首都，并将西亚两河流域归并为波斯帝国的直辖地，而后将全国其他领域划分为大小四十余块，任命波斯或者当地的贵族来掌管，被称为波斯帝国常驻当地的斯图拉普（总督）或者国王，来代替自己进行政治统治。

加里亚王国是波斯帝国统治下众多封国之一。当时的波斯帝国与欧洲接触，主要有两条路：陆路通过博兹海峡和达达尼尔海峡；海路则经巴勒斯坦，通过地中海。无论是前往希腊，还是前往埃及；无论是采取海路和陆路，都可取道加里亚王国。所以这个位于哈利卡纳索斯境内（现今土耳其斯坦西南）、版图不算太大的国家有着重要的地位。公元前377年，加里亚王国的老总督去世之后，马莱萨德哈克托纳斯之子莫索罗斯被任命为新国王。这个在位只有二十几年的国王却做出了不凡的成就，其中使他闻名于世的是其死后的埋葬之所——莫索林陵墓。

莫索林陵墓以其宏伟的建筑、精美的雕刻艺术而著称，刚刚建成就声名远扬，古罗马时代的旅行者安提巴特将其誉为"古代世界七大奇迹之一"。在莫索林陵墓建成后的1500年，拜占庭——詹撒罗尼迦的优斯塔修斯教主看到它后说："莫索罗斯国王的陵墓过去是，现在仍是一个真正的奇迹。"到了罗马时代，莫索林甚至成了大型陵墓的代名词，这个称呼也沿用至今。但是这座世间仅有的庞大陵墓建筑和人们见面的方式却是以战争开始的。

公元前，334年亚历山大大帝占领并摧毁了哈利卡纳索斯城，莫索林陵墓却没有受到丝毫的破坏，在接下来1500年里莫索林陵墓也安然无恙。虽然12世纪的一场地震，使得莫索林陵墓的上部包括顶部和廊柱的主体倒塌了，但一直到15世纪后期都没有遭到太大的损坏。

300年后，十字军骑士把莫索林陵当成了他们的采石场，甚至将墙基的石块都卸了下来。十字军东征的军队与近东的异族的部队进行恶战，为了能及时补充远征部队的海上给养，以便在小亚细亚有立足之地，远征军决定在临近莫索林陵墓的哈利卡纳索斯建立规模宏大的十字军远征堡垒，这座堡垒就是波德兰，现在是土耳其西南沿海的最大港口波德兰港，莫索林陵墓也划在了堡垒修建的范围之内。这次陵墓受到了一定程度的破坏，已经是一幅残垣断壁的景象，十字军把它当成了古迹而受到了保护。但好景不长，1494年驻守在地中海东海岸的十字军军团受到了奥斯曼土耳其军队的攻击，骑士圣约翰决定加强远征军的海上供给通道——波德兰城堡的修建，莫索林陵墓成了建筑材料的供给地。陵墓基座和二层台的绿色火山石被拆下来变成了波德兰城堡的围墙基石，从此莫索林陵墓的地上建筑部分遭到了彻底的毁灭，耸立在地中海东岸的莫索林陵墓从此被埋入地下。

但莫索林陵墓的厄运并未终止，波德兰城堡的继任者因为没有了弥合石块间缝隙的石灰而将陵墓圆雕和浮雕作品的圆形石块烧制成石灰石，莫索林陵墓的廊柱浮雕被一块一块地运往碎石厂，焚烧炉成了这些珍贵艺术品的最终归宿。更不幸的是，士兵在搬运石块的时候发现了通往墓室的通道，墓中的浮雕作品也未能幸免，被运去修了城堡。莫索林陵墓还没有来得及展现它的财富就受到了盗墓贼的光顾，墓室中宝贵的东西被盗掘一空。1581年，一份震惊世界的报告在法国发表，作者克劳德·古查德在报告中详细记述了莫索林陵墓底部被毁的过程和1522年发现的完整墓葬，令人痛心的破坏活动一览无遗："霍斯庇泰勒斯爵士获得波德兰后，准备加固城堡，到处寻找烧制石灰的石头。在港口附近一块曾经是古代广场的空地中心，发现了一个阶梯形的白色大理石平台，再没有比这儿更合适、更丰富的石灰石了，他们把这些石块推倒拉走。这些石头很好用，他们很快就将地面上的用完了，便开始向下发掘以便找到更多的石灰石。他们获得了很大的成功。不久他们发现越往下挖收获越丰，平台就越宽大，最后他们知道，他们不仅发现了大量石灰石还发现了一个古代建筑。四五天后，露出的面积逐渐扩大。一个下午，他们发现了一个洞口，似乎是一个墓穴通道。擎着蜡烛，慢慢走进去，他们忽然见到一个空间很大的方形内室，四周围绕着圆柱，柱基、柱顶、柱缘、中楣和上楣都刻着浮雕，柱子之间衬着五颜六色的大理石石片和石带，都嵌在白色底的墙上。石片和石带上装饰着可与室内其他艺术品相媲美的线脚和雕刻，墙面上也镌刻着众多反映历史和战争场面的浮雕。他们都啧啧称赞一番，无不惊诧于这些艺术品的奇异。但最后，他们还是把它们拆了下来，打成碎块充做了石灰石。以后，在墓室之外，他们还发现了一条低矮的甬道，顺着甬道来到一个酷似前堂的屋子里，那里安放着一座墓，墓体和山形的墓盖全用大理石制成，精美绝伦。由于时间不够，他们暂且没有开墓。这次撤退的理由显然很充足，但第二天他们再回来时发现墓已大开，到处散落着金衣和金属的碎片。他们推测，这是在附近海岸上出没的海盗，事先得到消息，趁夜色偷偷潜入墓穴，打开了墓盖，盗走了里面的珍宝。"

从波德兰流传到欧洲各地的莫索林陵墓的浮雕和石狮继续导致了莫索林陵墓350年后的灾难。18世纪晚期和19世纪的一些旅游者开始注意到这些雕塑品，他们猜测着它们的来路。1846年，英国驻伊斯坦布尔大使设法获准搬走了著名的阿蒙森中楣上的浮雕石板，把它带回了伦敦。1857年英国考古学家、大英博物馆的助理官员查理斯·丁·牛顿，开始了空前浩大的莫索林遗址的发掘。牛顿的考察队根据文献中的记载经过一番摸索和挫折找到了莫索林陵墓遗址的位置。此时，莫索林陵墓已经深埋地下，被十二间土耳其房舍覆盖着。牛顿毫不费力地就将这些房子买了下来，并于这一年的元旦，开始了对莫索林陵墓的发掘工作。可是，莫索林留给他们的只剩下岩石凿成的长方形基座以及仍在核心位置上的几块绿色的石头。这位雄心勃勃的考古学家失望地写道："整个四角区充满了建筑和雕塑的孑遗。这些残片数量如此之大以至于不能在平面图上精确地标明它们的位置。这些东西对于被毁墓者胡乱去放的大多数大理石来说也不具有任何参考价值，因为他们拆的层数太多了。在墓址区域找到的一个较大残块石上有一座塑像，一个身着波斯装的人骑着一匹马在奔驰。它大概曾经是一个表现狩猎或战争场面的大型雕塑群的一部分。该塑像形体巨大，约相当于实体的一倍半；它造型优美，栩栩如生，右腿上穿着东方式的裤子，紧身束腰外衣下摆在飞奔时向后飘起，遗憾的是作者刻意表现的东方特点被粗暴地毁坏了，马和人的四肢都被铁锤敲去，显然早已成了石灰窑里的材料。"

　　但最终这位英国考古学家没有就这样空手而归，三个月之后，牛顿在陵墓两北角附近找到了一个完整的爱奥尼亚柱顶及一个上部柱鼓。牛顿判断莫索林陵墓遗址有着爱奥尼亚风格，不久他在陵墓的东北部一个相当于神父宅地的地方与一个奇迹相遇了。这个发现使得牛顿的发掘从失败走向了成功。

　　在离莫索林陵墓北边的古墙边仅3.45米处的地方，阿克罗波利斯山突然开始隆起，牛顿注意到山坡上覆盖着一层很厚的泥土，他猜想脱落到围墙北部的雕塑品和石块很可能被泥土掩盖起来，或许会有一些物品能够幸免。幸运的牛顿在这块长19.5米、宽6.5米的土地上发现了莫索林唯一基本没有受到摧毁的雕刻品和建筑用石。他把它们带回了英国，这些精美的雕刻品成了大英博物馆中的大型雕刻藏品，这些雕刻品主要包括：建筑物顶部车组塑像上的马、巨大的男女肖像雕塑、狮子塑像、阿波罗神像的头部。

二、未解的陵墓之谜

莫索罗斯即位后的第一件事就是迁都。他认为故都离地中海太远，这样会制约加里亚王国的经济发展，同时也会影响加里亚王国在地中海沿岸的政治军事地位。他将都城迁到了一个叫做哈利卡纳索斯的海滨城市。为了保持高贵的血统，在埃及和波斯的古老传统中有娶自己的妹妹为妻的风俗，因此莫索罗斯迎娶了自己的妹妹阿特米茜娅作为皇后。

按照古代学者的观点，莫索林陵墓是阿特米茜娅为他的哥哥建造的陵墓（也有人认为是国王为他的妹妹修建）。但是按照这种观点来推算陵墓的建筑时间，人们产生了很大的疑问。国王和王后的卒年间隔期为两年，即公元前353年至公元前351年，但是谁也不会相信如此浩大的工程会在短短两年内完成。因此最符合逻辑的说法应该是陵墓始建于莫索罗斯生前，应该是迁都之后不久的公元前370年至公元前365年，一直到阿特米茜娅去世之后的公元前350年左右。这对青梅竹马的爱侣希望死后也可以在一起，他们极尽自己所有的力量来修建了这座"永恒"的陵墓。

相传莫索罗斯国王亲自担任了陵墓修建的监工，足见他对这座陵墓的重视程度并非一般，但是用心良苦的国王没能亲眼看到这座陵墓的完工就去世了，阿特米茜娅王后继续修建了陵墓剩下的工程。也许是太思念自己的丈夫，或者修建陵墓时自己投入的精力太多，莫索林陵墓修建好不久，王后也离开了人间。加里亚王国的继承者按照国王生前的遗愿，将莫索罗斯和他的爱妻阿特米茜娅一同安葬在了这座耗时20年才修建成的陵墓之中。这座规模巨大的陵墓实在没有给我们留下太多的线索。虽然陵墓遗址已经被全面地清理，陵墓的主要建筑结构已经不存在了，只剩下一个岩石上凿出的方形墓坑，以及供莫索罗斯灵柩下葬用的石质台阶和散落在四处的柱鼓和建筑用石。只利用这些遗迹来恢复陵墓的原貌还是困难重重。在莫索林陵墓残留的建筑用石角锥阶石中有个角落石对于恢复莫索林陵墓有着重要的意义，通过它考古学家推测出陵墓的长边和短边石阶踏板的宽度是不同的。西边和东边的踏板宽度有54厘米，应该是陵墓的短边，而南北两边的踏板有43厘米，较窄，应该是陵墓的长边。

此外，要想了解莫索林陵墓的真实面目不得不求助于文献。公元75年，罗马帝国著名历史学家老普林尼完成了他的巨著《自然史》。在这本书中，他以惊叹的口吻谈到了世界七大奇观之一的莫索林陵墓。这也是现在想要了解这座陵墓可以利用的最重要的古代文献资料。老普林尼写道"谈到斯科帕斯，我们也不要忘记当时他的竞争对手贝尔亚科斯、蒂莫舍乌斯和列奥查尔斯，因为他们共同完成了莫索林的雕刻工作。特别值得一提的正是这些艺术家们的杰作，使得莫索林成为古代世界的七大奇迹之一。（莫索林）这个陵墓是加里亚国王莫索罗斯的妻子为亡夫修建的。莫索罗斯死于第107次奥林匹克大会的次年。陵墓南北各长63英尺，正面稍窄一些。四周长440英尺，高约25英尺，环绕有36根圆柱，故称柱廊。东边的雕刻出自斯科帕斯之手，北边的是贝尔雅克思所做，南边的是由蒂莫合乌斯完成的，而西边的雕刻则由列奥查尔斯亲自操刀的。在他们的工作还没有完成之前，女王就离开了人间。但他们将这项工作看成是他们的荣誉和技艺的体现，因此他们就一直坚持下去，直到柱廊完工。这时，他们又开始互相竞争，第五个艺术家也参加了进来。柱廊以上部分是个角锥形的建筑，其底部各点高度相等，向上收缩24级汇集到顶部，最高点是个大理石雕成的驷马车，它是庇西斯的作品。由建筑的底座算起，直到驷马车的顶部，莫索林陵墓整个建筑高达140英尺。"

根据老普林尼在书中的记载，我们可以勾勒出莫索林陵墓的概况。这座陵墓坐落在地势比较高的山冈上，建筑的材料是石块。陵墓由基座、二层台部分和二层台顶部平台上的圆浮雕驷马车组成。整个陵墓平面呈长方形，东西宽约100英尺，南北长约120英尺，高约60英尺。基座就是普林尼所说的"下部"，有60英尺高。基座的外沿上有36根典型的爱奥尼亚风格的柱廊，东西两面比较短，共有9根石柱，南北较长，有同样的石柱11根。这些廊柱上面雕刻着极其精美的高浮雕。在建造陵墓时，由于莫索罗斯个人对希腊艺术极为崇拜，他向所有的希腊建筑师招标，建筑这个最为华丽的陵墓。在斯巴达人占领雅典、统治希腊之后，城市和人民都很贫穷，希腊的艺术大师们基本上处于失业状态，所以莫索林陵墓的建筑工程吸引了大批的建筑大师参与。普林尼称这些作品出自于四位希腊著名的雕刻家：南北两面柱廊上的浮雕作品由蒂莫舍乌斯和贝尔雅克思分别完成；东西两面石柱上的作品由斯科帕斯和列奥查尔斯分别完成。廊柱上面是角锥形的二层台，这座台高约22英尺（普林尼提到是25英尺），由24级小平台叠垒而成，每一级小平台的底部都向内收敛。二层台的顶层是个平面呈正方形的平台，平台正中竖有一座高约20英尺的莫索罗斯和王后乘车塑像和一个圆雕驷马车，它是由一个叫做庇西斯的人来完成的，这件雕塑作品是世界艺术史上著名的早期写实肖像雕刻作品之一。巨大的陵墓高耸入云，好像悬浮在空中一样。有人比喻这象征着这位太阳神之子要效法埃及法老们去触摸太阳。

普林尼的记载包含了比较详尽的史料和珍贵的数据，但是其中也有自相矛盾的地方。例如已经被考古发掘证实的"四周长440英尺"来推算，陵墓每个边的长度一定会大大超过"陵墓南北各长63英尺"。文献中的记载虽然为我们大体上勾勒出了莫索林陵墓的大致轮廓，但莫索林陵墓究竟是怎样一座陵墓还是一个未解之谜。

1966年至1977年之间，由克利斯蒂思·杰普生带领的土耳其和丹麦联合考古队又对莫索林陵墓进行了发掘。这一次并没有什么珍宝出现，但最大的贡献就在于他清理并清晰地勾勒出基座的平面结构和重要的墓葬祭祀方式。这次考古行动发现了一些祭奠用的牺牲品，它们是几只全羊、几只鸡和一只鸽子、一只鹅、一些牛羊肉和相当数量的鸡蛋。这种祭祀方法与中东的葬俗很接近。残存的遗迹表明莫索罗斯夫妇的尸体先经过了火焚，然后将骨灰承放在金盒中，再在金盒外侧包裹有金缕织成的布帛，最后再将其放置在墓葬深处的石棺中加以保存，以骨灰下葬。根据文献记载，波斯人和其统治之下的小亚细亚通行火葬。除此之外，莫索林陵墓的埋葬方法还包含了其他地区的文化成分。古埃及人流行以石棺葬人的习俗，但又殓葬尸体或者木乃伊，绝对是不殓葬骨灰的。而希腊人通常流行火葬，但是通常将骨灰盛放在陶质的容器中，而不会用金盒。波斯人用火葬，但通常将骨灰放在墓冢中而不用石棺。根据文献记载和考古发掘，用金盒收殓骨灰这种习俗，仅仅发生在古印度的居民中。比如中世纪流行于小亚细亚和远东地区的合利盒，有些就是金质的。因此，莫索罗斯尸体的处理及其安葬，可能吸收了多种文化因素，包含了古波斯、古埃及、古希腊和古印度四种葬俗。其中使用印度的葬俗是很奇怪的，因为公元前6世纪以来，印度已经有部分的领土纳入波斯的版图中，但是此时的印度与小亚细亚的交通是有限的。在莫索林陵墓中怎么会大胆使用这种葬俗是值得推敲的。但时至今日，人们还不清楚莫索罗斯的石棺究竟在陵墓中的什么位置，有些人认为他根本就没有被安葬在里面。

另外让人不解的是，莫索林陵墓的地下建筑即墓室是前后穿堂式的，由斜坡式的墓道、前甬道、前室、后甬道和后室所组成。前室主要用于随葬墓主生前的用品，在后室安放死者的尸体。这种葬法在希腊世界、埃及古文明、波斯古文明和中亚古文明都没有出现，而出现在距小亚细亚更远的北方和东方，比如塞人地区、乌孙人地区和黄河流域。但莫索罗斯的丧葬方式怎么会和相距千里之遥的塞人和黄河流域的葬俗颇为相似，这一点还没有找到答案。

这个位于生机盎然的地中海城市中心的陵墓从发掘之初就吸引着人们的注意力。有人指出，这座陵墓是一座家族的坟墓，因为莫索罗斯只不过是波斯帝国任命的地方长官，他不会有野心去修建一个可以和埃及法老的金字塔相媲美的庞大陵墓。同时，从1966年的考古发掘来看，莫索林建在一片直到公元前6世纪还在使用的墓地里。但因为有文献作为依据，同时墓葬遗迹与文献记载的没有太大的差别。杰普生的发掘也发现了陵墓的基座底部略偏向西北，只有两个墓坑，学者们推测其中稍大的墓坑应该是属于莫索罗斯本人的，而另外一个较小的则应该是阿特米茜娅。究竟哪种观点更贴近真实情况也只有等到莫索林陵墓之谜解开之日才能得到最后的解答。

苏丹金字塔探秘

在苏丹北部达米尔和善迪两座城市之间，每当人们乘坐火车，或者在尼罗河旁那条高低不平、布满沙子的道路上吃力地行进时，会意外地发现东面红砂岩小丘之间那奇特的景色——一种用红石块建造的小金字塔坐落在可以俯视尼罗河流域的高地上。这些金字塔有20多座，最大的有二三十米高，塔与塔之间相距很近，有的塔基几乎相连，它们的形状和埃及金字塔不一样，塔身陡直，塔基突出部分有一座拱门，里面有一条通道。这些金字塔究竟派什么用场，当时是怎样建造的，由何人所建？围绕着这些有趣的问题，世人展开了激烈的争论。

学者菲力普斯在埃塞俄比亚《塞拉姆塔》杂志上发表文章，认为这些苏丹金字塔和埃及金字塔的作用一样，是公元前3世纪开始的麦罗埃历代国王和王后的墓，墓就在塔下面。麦罗埃存在的年代从公元前8世纪到公元前350年左右，它曾是一个很有生气的独立国家。没有受到北面强大的埃及帝国的控制，相反，有一个时期似乎曾对埃及发动过军事进攻，并取得了胜利，在第二十五王朝即"埃塞俄比亚王朝"统治了埃及。麦罗埃文化是沿现在北苏丹尼罗河发展起来的。有人已对该王国首都所在地进行了挖掘工作，并挖出一个规模巨大的城市遗迹：三条林阴大道和多处贵族住地。金字塔是最高统治者的陵墓，这是国际学术界的一致结论。

这个结论最近受到了挑战。两位法国专家艾赫利和爱乃尔最近出版了一部名为《石头圣经——大金字塔的神圣字母》的著作，提出金字塔是颂扬埃及主神的巨大神龛，是赞美生活和创造的神庙，与法老陵墓之说毫无关联。他们对古埃及象形文字的字母作了长达20年的研究，认为金字塔的大门是古埃及象形文字的一个符号，意思是人群似洪流般地走进来，塔内各大厅分别为埃及至高无上的主神埃孟名字的逐个字母。他们的结论是，金字塔犹如浩大的密码，其大门、大厅乃至通道都含有确切的特定意义。由此他们推论金字塔是宗教建筑，而非帝王的陵寝。由于麦罗埃文化深受埃及文化影响，所以苏丹金字塔同样是宗教建筑，而非王朝历代国王和王后的陵墓。

人们普遍认为，在埃及建造巨大的金字塔是把沙子沿塔的四周堆成斜坡，这样工匠们才能顺着慢坡把巨石放到规定的位置上。因而有的学者就认为苏丹金字塔采用了同样的建筑方法。然而，研究苏丹金字塔已有十多年的德国著名考古学家欣克尔博士却认为这些塔和埃及金字塔的建造方法不一样，因为麦罗埃金字塔之间的距离很近，不可能使用把沙子沿塔四周堆成斜坡的方法建造。欣克尔还提出了三个根据：

一、从结构上看，这些金字塔有一个共同特点，它们不像埃及金字塔那样一下子就建到顶端。从一些塔顶长时间没有被风化或被盗墓者弄毁来看，可能在离塔顶几米的地方建筑工作就中止了，然后把一块大圆石头吊上去放在塔顶，整个塔就算竣工。对此可有这样一种解释：作为塔身结构的砂岩巨石是用固定在塔顶上的一种吊车一块一块吊上去的，这种吊车在工作时只能直上直下。这就是塔在最后几英尺处不能完工的原因。也是这些塔的塔基比埃及金字塔小和塔身很陡的原因。

二、遗址中发现了一根大木杆子的残存部分，从下至上穿过塔的中心，可能是为了保证把塔建成对称，使塔的各顶角和杆子都保持等距离的那种装置。联想起尼罗河沿岸现在仍然使用着一种古老的提水吊杆，与当时使用这种吊杆一类的工具修建金字塔完全符合实际。

三、塔上的新泥灰看上去很不相称，这是为了使它们符合原样，而在粗糙的砂岩上涂上泥灰并加以装饰。

那么，这些苏丹金字塔是何人所建的呢？历史文献没有明确的记载。不少专家和学者当然认为这是麦罗埃人民的伟大杰作。还有的学者仍认为这些金字塔和埃及金字塔一样是"外星人"的杰作，因为至今仍无法想象古人能建造出如此雄伟、奇特的建筑物。

墨西哥的金字塔之谜

特奥蒂瓦坎，即印第安语的"众神聚居之所"，位于墨西哥首都墨西哥城北郊40公里处。古城遗址长6.5公里，宽3.25公里，面积21平方公里，估计曾有居民20万，相当于同期欧洲罗马城的规模，是古代西半球乃至全世界最大城市之一。目前除了已经修复的金字塔和神庙外，只能看到街道轮廓线和莽莽灌木丛掩没的无数土墩，依稀可以窥见昔日的繁华都城的盛景。

该城中轴南北干线称"黄泉大道"或"死亡大街"，宽55米，长2.5公里。全城主要建筑群都布置在大道两旁。"黄泉大道"是1325年南进的阿兹特克人起的名字。据说当时大军路经这里，只见城市破败，找不到一座完整的房屋，而大道两旁却有连绵不绝的棱锥形高台，疑为坟墓，故称此名。又一说，当年大批奴隶被送上金字塔祭天，都是从这条大街走向死亡的，后人便称之为"黄泉大道"。

城内有许多华丽的宫殿、神庙。平民的住宅也很宽大，通常一座房屋有50~60个房间，环绕着一个内院。可惜这些房舍都荡然无存，只剩下房基了。城址已发掘1/10以上，取得了大量文物，其中以彩绘陶器和石雕像最多。一尊大型水神雕像以数块巨石精心琢磨衔接而成，水神头戴冠冕，两耳佩垂饰物，两眼深沉有神，衣袍上的几何图案和装饰线条相当严整。在没有铁器的石器时代，能将粗石雕琢得如此传神、明快、凝练，实为难得。此外，还有一种三足鼎式的陶罐，釉面光洁，花纹精细，造型巧妙，完全可以列入古代艺术精品之林。

在"黄泉大道"东南，屹立着1910年前后修复的太阳金字塔，四方锥体，分5层，逐层斜缩，总高64.5米。底边各长222米和225米，占地5万平方米，有6.5个足球场那么大，略小于埃及金字塔。正面有台阶通到塔顶，上面是平台，曾建有金碧辉煌的神庙，内供黄金装饰的太阳神像。如今塔顶光秃秃一片，因神庙原样难以考证，至今未能复建。其他三面陡峭平滑，难以攀登。塔身还穿插装饰着用琢磨光亮的素色、彩色或浮雕火山岩石铺镶的图案。塔为实心，以沙土充填，外以巨石封裹，与埃及金字塔的空心陵墓有所不同。

祭祀月亮神的月亮金字塔规模稍小，距太阳金字塔1公里。塔基长150米、宽120米，占地18万平方米，也比两个足球场大，它高43米，也是5层，建筑艺术比太阳塔更为精巧。两塔之间有可容约数万人的大广场，由此可见当年祭祀场面之大。

第三个大建筑群在"黄泉大道"两端。在一个凹式广场上，三面环以平台式神庙多座，犹似一个相对独立的城堡。最大的一座是6层塔，每层饰有羽蛇头和玉米轴组成的浮雕，前者代表蛇神，后者代表雨神。"羽蛇"是托尔特克人崇拜的图腾。

根据推测，太阳塔、月亮塔的建造年代为公元1世纪，建筑周期至少50年。蛇神庙的建造迟于10世纪，风格与前迥然不同。

埃及金字塔虽然出名，但数量没法同拉美的金字塔相比。从公元前7世纪到公元15世纪欧洲人来到拉美为止，居住在中美洲墨西哥到尼加拉瓜的印第安人，每个时期都兴师动众，大建金字塔，总数可能超过10万座。每一个定居点，每一次战役胜利之后都要建塔。最高可达70米，四五层至十几层不等。塔顶设神庙和祭坛，纯粹是宗教建筑。有的战胜者喜欢将战败者的金字塔包起来，越包越大，以至内部包有三塔四塔的。可惜的是，随着岁月流逝，拉美金字塔同它们所在的城市，不是湮没于荒原中就是被入侵的殖民者毁坏，成了当今世界一个难解的谜。

拉美的历史没有文字记载，特奥蒂瓦坎也不例外。那么繁华的都市，那么大的金字塔，静悄悄地消失于热带丛林之中，没有一点蛛丝马迹可寻。考古学家对此不能做出十分准确的回答，只能从出土文物的研究中加以推测。

特奥蒂瓦坎大约崛起于公元前2世纪，它与玛雅、萨波特克并列为中美三大部族，维持了大约1000年历史。到了8世纪，它就神秘地消失了。对于它的消失，学者们议论纷纷，说法各异。有人说是天灾、饥荒、瘟疫，也有人认为是因为北方部落的入侵或是内讧自相残杀。到底为什么，始终没有一个统一的认识。

美洲金字塔是模仿非洲金字塔建造的吗？

提起金字塔，大家自然会想到矗立在尼罗河畔的壮观的法老陵墓，但是我们今天所说的却是耸立在美洲大陆上的金字塔。

埃及金字塔给我们留下了数不清的谜团，无独有偶，美洲金字塔也令我们在奇迹面前像个弱智者，对其难以理解。在这些历史之谜中，人们最感兴趣的是这个问题：为什么在美洲也会有金字塔，它同埃及的金字塔有关系吗？

许多人认为，美洲金字塔是模仿埃及金字塔建造的，其理由有：第一，现在的考古已经证明，在几千年以前，人们凭借当时的技术条件完全可以跨越大洋进行交流。例如中国商朝和墨西哥的奥尔梅克、秘鲁的查比因文明都相当崇拜美洲虎神，并且虎神的造型和风格也相当接近，这说明新旧大陆居民是有往来的。第二，美洲金字塔和埃及金字塔无论外形和功用都大有相似之处。1958年，考古学家在墨西哥帕伦克的一个称作"铭记神庙"的金字塔内部，发现了一个高7米、宽4米的墓室，石棺内放着一具有大量陪葬饰品的尸骨。据此，一些学者做出了这样的推测：很久以前，有部落从埃及迁徙到美洲，向美洲居民传授了金字塔的建造技术。著名学者伊凡·范瑟提玛在《哥伦布以前到来的人们》中，就持这样的观点。

另有一种与之针锋相对的意见认为：美洲金字塔是美洲土著文化独立发展的结果，美洲金字塔和埃及金字塔毫无承继上的关系。通过目前所出土的文物看，早在2万至3万年前，美洲最早的居民是经白令海峡从亚洲东北部进入美洲的亚洲人，他们依靠最简单的工具和武器创造了颇具特色的灿烂文化。因此，他们完全有能力独立建造出神奇的金字塔。

持此种观点的学者认为：虽然有些迹象已经表明，几千年前，人们利用当时的简陋工具，偶尔可以横渡大洋，从古代埃及跑到美洲是可能的，或者说从美洲跑到埃及也是可能的，但问题的关键在于：谁能证明在埃及出现金字塔之后和美洲出现金字塔之前的这段时间里，古埃及和美洲的居民有所来往呢？恐怕没有人可以证明这件事，因此说美洲的金字塔仿照埃及金字塔就毫无根据。另外，美洲金字塔和埃及金字塔在许多地方都大不相同。古代印第安人信奉多种自然神，如太阳神、月亮神、雨神、河神、天神等。他们登上高山之巅进行祭奠活动以示更靠近神灵，而生活在平原、河谷地带的印第安人则在平地建起土丘，在土丘顶端筑起庙宇，以祭礼用。随着筑坛祭神活动的盛行和发展，神坛的规模也越来越大，逐渐建成为金字塔形，而且金字塔的建筑艺术也越来越精巧。整个金字塔和塔顶庙宇与神坛中的神像、石碑及其他石雕艺术品，既反映出不同时代和地区的古印第安人的政治、经济、文化，又代表了不同时期印第安文化的特点与风貌，同时也是美洲古代印第安人社会的神权中心。由于美洲金字塔原来的作用是印第安人举行宗教仪式的地方，所以平台上的神庙是其主要部分。而埃及金字塔从一开始就是安葬法老的墓穴，当然也有的美洲金字塔具备墓室功能，但一是数量不多，二是一般是后来从外面挖入，而不是一开始就是墓穴。美洲金字塔和埃及金字塔在外形上虽然有相似之处，但是也有很多不同。例如美洲金字塔不像埃及金字塔多为四棱锥形，而是多为四棱台形，而且美洲金字塔的正面是台阶形的，也就是说人们可以沿着台阶一层一层地走到塔顶上。如果我们从建筑学的角度看，就会发现把巨大的建筑建成金字塔形是最为稳固的。并且无论是作为祭神场所的美洲金字塔还是作为法老陵墓的埃及金字塔都具有浓郁的宗教气息，而金字塔这种建筑是一种体现稳固性和永恒性的建筑，当然也是最为理想的宗教建筑样式。这种样式聪明的埃及人会选取，智慧的美洲原始居民也同样有可能选取。

　　以上两种意见孰是孰非目前仍无定论，也许要解开这个谜，需要更多资料的发掘。

古墓报复之谜

有一位名字叫菲利普·范得贝尔格的历史学家，他写了一部有关埃及古代陵墓的书。书中谈到了"法老的毒咒"这一令人毛骨悚然的怪事。大意是说：谁要胆大包天闯入法老安息的地方去扰乱他们的安宁，他最终就必然会挨到法老的一顿毒咒而毙命。凡是与埃及古代统治者陵墓有过接触的人，不论他们采取什么方式，或者是出于什么动机；换句话说，不论他们是为了科学考察，还是想靠盗墓来发财致富，法老王对他们的报复总是一视同仁的。

葬于埃及古代陵墓里的法老，他们的尸体早已成为木乃伊，显然他们是不会杀人的。然而历史学家范得贝尔格列举了不少例子，证明确实有许多考古学家与法老的陵墓接触过以后，竟染上了奇特的病症而死亡。

开罗博物馆馆长盖米尔·梅赫来尔先生不相信这种说法，他说："我一生与埃及古坟以及木乃伊打过多次交道。我不是还健在吗？"

就在那次谈话后还不到四个星期，梅赫来尔突然就命归西天，时年不足52岁。据医生判断，他是因罹患心脏病而死的。在他去世的同一天曾有一队工人来到开罗博物馆，以便把一批珍贵的文物打包装箱。这批文物是从1922年在王谷地方发掘的著名埃及法老图坦卡蒙的陵墓中出土的。其中有一只重2.5磅的金面罩。

梅赫来尔先生的暴卒要不是因为下述情况，恐怕并不一定会引起人们的注意。这一情况就是：后来发现至少有40名考古学家突然死亡的原因均与图坦卡蒙陵墓有所牵涉。如此一来，有名的考古学家卡莫洛尔爵士于1923年突然亡故这件事重新勾起人们的好奇心。"法老的毒咒"这句话就是从那时开始在科学界流传的。

卡莫洛尔和他的朋友卡尔特探索图坦卡蒙陵墓已有七年了，但直到1922

△ 拉美西斯二世神庙

年方才获得成功。在他的率领之下，一支考古队到达了墓中的阶梯口。阶梯曲折而下通往一道厚墙中的一扇门，墙上有一幅画着一只豺狼和九个囚犯的图画。打开门，沿着长廊往前走十米，这些考察人员又遇见一扇门，这个门通往一间十分宽敞的房间，里面有不少稀世珍宝。但是使他们大惊失色的却是刻在一块泥塑板上的字："死亡将张大翅膀扼杀敢于扰乱法老安宁的任何人。"

在另外一尊神像上，又见到了这样一段文字："与沙漠的酷热相配合而迫使盗墓贼逃之夭夭并专司保卫图坦卡蒙陵墓之职者正是我！"

嗣后，于1923年2月着手开掘图坦卡蒙法老的陵墓；而时过不久，便从开罗传来了关于卡莫洛尔突患重病而亡的消息。他的姐姐在事后的回忆录中这样写着："死以前，他发着高烧连声叫嚷，'我听见了他呼唤的声音，我要随他而去了。'"从那时以后，"法老的毒咒"这一传奇便不胫而走了，人们的恐慌心理达到了谈虎色变的地步。当初，曾经帮着推倒墓里一道主要墙壁的莫瑟先生由于染上了一种近于神经错乱的莫名其妙的病症而毙命。随后相继死去的还有美国大富豪约瑟夫·伍尔夫以及首次对木乃伊进行X光透视的X射线学家道格拉斯·里德。截至1923年年底，参与埃及国王陵墓发掘工程的人员中，就有22人莫名其妙地暴病而死。

上述遭到法老王报复的例子并非是孤立的。1971年，在开罗以南约30公里地方，搜寻古墓而未获成功的考古学家埃默里先生突然全身瘫痪，旋即丧命。此外来自斯特拉斯堡的杜米切恩教授，也因钻进刚发掘的陵墓和庙宇中去临摹铭文，后来遭到类似的厄运。人们在想：这些曾经与埃及古代统治者的陵墓打过交道的人，他们的暴卒是由什么原因造成的呢？

前面提到的那位历史学家范得贝尔格在其著作中试图以生物学上的原由来解释这种现象。开罗的一位医学教授伊泽廷·塔豪于1963年声称，根据他对博物馆的许多考古学家以及工作人员进行定期体检的结果，发现所有受过体检者的机体里均存在一种能引起呼吸道发炎和使人发高烧的病毒。其中有一种病毒的生命力特别顽强，竟能在木乃伊中生存达4000年之久。

也有许多科学家偏向于这样一种看法，即埃及古代的文化很可能利用有剧毒的害虫及毒物作为一种譬殊的武器，用以保护埃及统治者的陵墓使其免受暴力的侵犯。可以用来作为这一假设的例证是：1956年10月，地理学家怀尔斯在罗得西亚深山中挖掘卡里比陵墓时，有一群蝙蝠向他围攻。他被这群蝙蝠咬过以后，染上了一种前所未闻的重病，多亏现代科学的成果他才幸免于难。

木乃伊传世之谜

相传古埃及在很久很久以前，有一位本领超凡的法老，名叫奥西里斯。

奥西里斯教给人们种地、做面包、打井、酿酒、开矿的技能，使人们的生活水平大大提高，人们非常崇敬他。但奥西里斯的弟弟塞特对此十分妒忌，阴谋杀害哥哥，夺取王位。

某日，塞特请奥西里斯吃饭，找了很多人作陪。吃饭时，塞特指着一只漂亮的大箱子对大家说"谁能躺进箱子，这个箱子就送给谁。"奥西里斯在人们怂恿下躺进箱子一试，他完全没想到自己刚一进箱子，箱子就被塞特关上，他加上大锁，扔进尼罗河里去了。

奥西里斯遇害之后他的妻子四处奔波，终于找回他的遗体。塞特知道此事后，又偷去奥西里斯的尸体，剁成14块，分别扔在各处。奥西里斯的妻子又从各地找回了丈夫遗体的碎块，悄悄掩埋。

后来，奥西里斯的孩子长大成人，打败了塞特，为父亲报了仇，又把父亲的碎尸从各地挖出来，拼凑在一起，做成我们今天所见到的木乃伊。奥西里斯的遭遇感动了神，后来在神灵的帮助下奥西里斯复活了。不过他虽复活，但不能重返人世而是留在阴间，做了阴间的法老，专门审判惩处坏人，保护好人。

这个传说的内容无非是为了表达惩恶扬善的主题，但埃及自上古时期就风行"木乃伊"葬俗，这倒是历史的真实。

据研究，受这个神话的启发，每一个法老死后，都要把奥西里斯的神话表演一番，首先举行寻尸仪式，随后举行洁身仪式，解剖死者遗体，把内脏和脑髓取出，然后将其浸入一种防腐液中，除掉油脂，泡掉表皮。等70天之后，再把尸体取出晾干，将各种香料填入人体腔，外面涂上树胶，以防止尸体与空气接触，最后用布将尸体一层层裹扎起来。这样，一具经久不腐的木乃伊就做成了。遗体安放前，还要举行神秘而隆重的念咒仪式，为木乃伊开眼开鼻，把食物塞进它的嘴里。据说，这样它就能像活人一样呼吸、说话和吃饭了。最后举行安葬仪式，把木乃伊装入石棺，送入他永久的居住地——金字塔里。

世界上许多民族都懂得尸体防腐术，这正是基于他们深信灵魂可以复活的信念。那么，谁来使他们的遗体复苏呢？答案只有一个——神灵。然而，又是谁赋予他们这种超度亡灵的转世观念？是古代某位法老突发奇想心血来潮的偶然想象，还是他们之中某位法老亲眼目睹神灵唤醒过某位死者而由此得到启发？

远古的事情的确难以料知。但在科技发达的今天，保存尸体和唤醒生命，不仅显得那么平常，而且所拥有的可行手段又是那么多。低温冷冻可以保持生命的鲜活，并使之暂时进入一种休眠，细胞组织不仅可能复制生命，甚至还能源源生产。

低温冷冻人体生命正在成为现实。美国、苏联均已成功地冷冻并复苏了狗、鱼等生命。今天，细胞组培技术不仅成功地运用在农林业和畜牧业上，给人类社会带来巨大的物质效益，而且在古生物和人体方面的试验，也日益接近突破的边界。

因此，当1963年美国俄克拉荷马大学的生物学家郑重宣布，逝去几千年裹于木乃伊之中的埃及公主美妮的皮肤细胞还有活力时，全世界都为之震惊。这也就是说运用现有的细胞组培技术，我们可以在不久的某天唤醒美妮公主。因此看来，埃及法老们相信转世再生绝非荒诞不经的想法，只是我们对此太缺乏了解。

1954年，美国科学家在埃及萨卡拉地区，发现了一座从未被盗的坟墓，墓中的金银财宝依然完好，在黑暗中熠熠生辉。当科尼姆教授带领考古人员，正式撬开滑动的、但不可拆卸的石棺盖时，他们惊讶地发现棺内空无一物。

难道，木乃伊长了翅膀飞走了吗？难道，安葬者把大批财宝放进修得富丽堂皇的陵寝时，竟然忘了放进死者？虽然社会发展到今天，但对于木乃伊的诸多谜团，我们依然不能破解。

尼雅千年干尸之谜

干尸与木乃伊有所不同。木乃伊是人工制作，干尸是自然形成。在尼雅遗址的古墓中，经常发现干尸，成为尼雅的一绝。在科学尚不发达的古代，人们认为人的灵魂附在人的躯体中，灵魂要是离开了躯体，那就意味着死亡的来临。过去的帝王，生前常吃灵丹妙药，幻想长生不死。无法长生则千方百计地保存尸体，他们认为只要尸体不烂，灵魂即可永存，继续统治阴间的鬼卒。在辽代墓葬发掘中，有时可以发现水银（汞）和朱砂，可能与保存尸体有关。

然而尼雅遗址发现的干尸，则与此不同，尸体没有经过任何防腐的处理，完全是靠自然条件形成的。1959年新疆博物馆发掘的一号墓，是东汉时代的夫妻合葬墓，男女都变成了干尸。男女二尸均已干瘪，骨瘦如柴，但是头发、胡须都完好地存在，没有脱落，身上穿的衣服，仍完好如新。

1993年尼雅考察中，在佛塔营地以北的墓地，发现了三具"独木棺"，棺中的尸体都程度不同地变成了干尸。在弓形的"独木棺"中，躺着一个妙龄的少女，她屈肢侧卧，穿的衣服清楚可见，内穿丝绢衬衣，外罩红色羊毛短裙，尸体大部分完好，被考察队称之为"红衣少女"。在佛塔以东的另一个墓地，也发现了干尸。其中以一具女尸保存较好，她黑发披肩，眉清目秀，细长的柳叶眉，仿佛刚刚描过，是一个20多岁的女青年。面部的肌肉变化不大，似有弹性。另一具男尸，胸腔以下已经烂掉，但是头颅保存尚好，长得浓眉大眼，胡须尚在，一头黑发依然如故，是一个中年人。

尼雅地区的当地人对于干尸已经习以为常，然而外地来的专家学者却极为重视。尼雅为什么有这么多干尸？干尸的保存为什么有好有坏？这些都是科学研究的重要课题。

△ 尼雅古城遗址

　　尸体的腐烂，也同食物的腐烂一样，是细菌微生物作用的结果。细菌微生物的存在和活动，必须具备一定的温度、湿度和空气。在常温下，细菌微生物都能够生存，但是特别干燥的地方和没有空气的地方，细菌微生物也难以生存。湖南长沙马王堆西汉墓中的女尸，是一具湿尸，它之所以经历了2100多年不腐烂，是因为墓室深、封闭严、断绝了空气的结果。尼雅地区古代干尸的存在，是塔克拉玛干沙漠中干燥的气候所造成的。

　　由于塔克拉玛干沙漠异常干燥，尸体在烈风、强光、高温的作用下，迅速脱水，于是尸体都呈现干瘪的状态，体瘦如柴，皮层收缩，紧贴骨架，就是尸体脱水的结果。

　　在细菌微生物没有产生以前，尸体即完全脱水，便使细菌微生物失去了生存的条件，于是，尸体变成干尸保存了下来。除尸体以外，尼雅地区其他的文物能够完整地保存到今天，都是与极端干燥的气候有关。尼雅墓葬中的干尸是尸体中的一部分，还有一部分尸体完全腐烂掉，只剩下白骨和黑发。

同在尼雅地区，为什么会有此不同呢？这其中还有许多的原因。塔克拉玛干沙漠总的来说是气候非常干燥，降雨量很少。但是，每年的降雨量并不完全相同，有的年份降雨量多一些，有的年份降雨量却非常少。据现代气象学家的考察研究，塔克拉玛干沙漠中的年平均降雨量，只有25～50毫米，然而有的年份一天之中的降雨量却达25.2毫米，最多时竟达到73.5毫米。在降雨量少的年份埋葬的尸体就容易变成干尸，降雨量多的年份埋葬的尸体就容易烂掉。在一年之中，是干季埋葬还是湿季埋葬，对于尸体的保存，也有不同程度的影响。

就每具尸体的具体情况而言，也不完全相同。有的人肥胖，体内含水量就比较高；有的人干瘦，体内的含水量就比较低。在相同的气候条件下，含水量多的尸体就容易腐烂，含水量少的尸体就不容易腐烂便于保存。在墓地现场观察的结果表明，同一具尸体的不同部位，保存的结果也有很大的不同。有的尸体胸腔、腹腔完全烂掉，而头和四肢却保存较好。这是因为胸腔和腹腔中的含水量比头颅、四肢要多的缘故。古代埃及在制作"木乃伊"时都要除掉内脏，正是由于这个缘故，即使在科学高度发达的现代，为了长久地保存伟人的尸体也需要摘除内脏。

由于上述种种原因，古代尼雅墓葬中的尸体就出现了千差万别。有一部分尸体变成了干尸，有的尸体完全烂掉，有的尸体是半具干尸，并不是所有的尸体都变成了干尸。

印加儿童木乃伊之谜

5个世纪以前在印加，有无数儿童把生命献给了他们敬畏的神明。埃及古物学者鲍伯·瑞尔博士说史料记载，这些孩子必须是完美的，不能有任何瑕疵。所以你看，他们都很漂亮。这些孩子被印加祭司埋葬后，就一直在安第斯山巅安睡。直到20世纪末，考古学家的脚步打扰了他们的清梦。

在16世纪早期，印加帝国统治着一个长达2500英里的狭长地带，北起今天的哥伦比亚，南到智利的中部。秘鲁库斯科城南北112公里高原上的马丘比古城曾是印加人的精神中心。他们把周围的山峰奉为神明，向神明献礼是当时必做的事情。

宾厄姆顿大学人类学家托马斯·毕森博士描写当时人们的心态是："如果你向信仰的神献上祭品，神就会给予你回报，让你心想事成。"

印加人最大的希望就是雨水充沛，农作物茁壮生长，同时还希望六畜兴旺。而印加人认为他们能献出最珍贵的祭品就是孩子，孩子是帝国的未来，只有容貌俊美、血统纯正的孩子才有资格成为祭品。

托马斯·毕森博士援引历史资料说："如果孩子被选中，父母会感到荣幸。当地贵族甚至自愿献出自己的孩子。"

考古学家们一直希望能找到线索，了解这个消失的帝国的宗教仪式、信仰和祭品。

到20世纪末，机会向他们走来。安第斯山狂风肆虐，不知道是对在此安睡的死者的出卖还是要递给研究学者们一把解谜的钥匙。1995年，爆发的火山融化了秘鲁境内的一座冰墓，人们在里面发现了一具十来岁女孩的木乃伊。她被称为胡安妮塔。

1999年，被这一发现所吸引的考古学家登上了6723英尺高的尤耶亚科

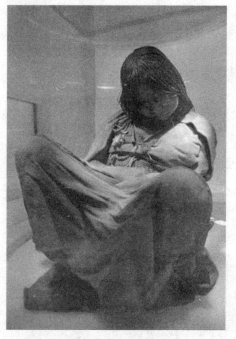

△ 印加儿童木乃伊

峰，这座山峰位于阿根廷和智利的边界。在这个全世界最高的考古地点上，狂风以每小时70英里的速度肆虐，考古学家挖掘了两天，最终发现了一具8岁小男孩和两具小女孩的木乃伊。

鲍伯·伯瑞尔博士说："我的工作就是和木乃伊打交道。这些是我见过的最令人吃惊的木乃伊。通常当木乃伊冻结时，它身上的水分就会以蒸汽的形式蒸发。但是这些木乃伊里面还残留着水分。"

这些孩子死得很平静。考古学家推测说，很可能是祭司先给他们喂玉米啤酒和可可叶，等他们昏睡后再把他们活埋。这些孩子在被埋在山顶上的时候，他们应该是沉沉地睡着了，但是这一睡就永远不会再醒来。

这些印加儿童木乃伊让人们了解到，一个曾经强大的帝国付出怎样的代价去安抚神明。这些可爱又可怜的孩子生前就这样被残忍地献给了所谓的神明，充当了祭品。

考古人员于2004年5月在秘鲁首都利马南郊的帕夏卡马克地区发现了一片保存完好的祭祀墓地。其中包括多具活人祭品的遗骸。其中有两名儿童的遗骸显示出头部被利器猛烈击打、活埋或被绞死等强迫死亡的迹象。这些在秘鲁发现的年代更为久远的人类遗骸，时间大约在1000~1500年前的印加文明时期。这些人类遗骸是古印加人拿儿童做祭品的有力证据。

拉美西斯大帝木乃伊之谜

　　古埃及拉美西斯大帝的木乃伊是人类历史上最著名的木乃伊。发现他的木乃伊，就像是一下子发现了华盛顿、林肯、亚历山大或者克利奥帕特拉的木乃伊一样，引起了全世界有关专家学者的兴趣和关注。拉美西斯木乃伊除了引导科学家分析研究古埃及历史之外，还提出了一个有趣的话题现代科学能够复制古老的埃及木乃伊技术吗？

　　拉美西斯在生前拥有无与伦比的财富和权力。在他死后歌颂他丰功伟绩的纪念物在埃及随处可见，包括卢克索的拉美西斯神庙和阿布·辛拜勒神庙前的巨型雕像，这倒符合拉美西斯生前的愿望——让自己的名字永远流传下去。所以在埃及，你几乎在每处遗址都能找到拉美西斯自己修建的纪念物。

　　公元前13世纪，拉美西斯二世在位长达67年。埃及在他的统治下空前繁荣，无论是威望还是财富，在当时世界上都首屈一指。他功勋卓著，被历史学家奉为"大帝"，他有150个孩子。

　　拉美西斯在96岁时去世，防腐工匠的职责就是保住他的身体，以便他在死后使用。拉美西斯二世的尸体被精心修饰，它的奢侈程度超乎任何人的想象，尸体所穿的服饰也异常华美。

　　由于盗墓者的光顾，一些法老的木乃伊早在公元前1000年就已消失。

　　但是还好，拉美西斯的尸体只是在一座秘密陵墓中躲藏了3000年，并没有消失。当时的祭司把他和其他一些法老的木乃伊秘密转移到了安全的地方。

　　尽管逃过了3000年，可最终还是没有逃过尘世的惦记和骚扰。在20世纪晚期，市场上突然出现了一大批古埃及的艺术精品。一位文物保护调查员顺藤摸瓜找到了一个盗墓家族，不堪严刑拷打的兄弟俩终于说出了文物的来源。

　　长岛大学波斯特分校埃及古物学者鲍伯·伯瑞尔追随了这位调查员的足

迹。墓室里有十几口王室的棺材，人们终于找到了法老们最后的栖身之所。鲍伯·伯瑞尔说"很少有人进入这座坟墓，我是其中之一，这段经历非常特别。这是历史发生的地方……"

这是埃及历史上最激动人心的发现。这里有不同王朝的木乃伊。人们第一次目睹了拉美西斯大帝的容貌，他也许就是《出埃及记》中描写的法老。

拉美西斯的尸体保存完好，但埃及人从没记录下他们是怎样制作木乃伊的。伯瑞尔想进行一项大胆而恐怖的试验。他决定选择一具现代人的尸体，用古埃及人的方法把它制成木乃伊。

众所周知，古埃及人在制作木乃伊时会把尸体的大脑从鼻子里掏出来，但他们是如何做到这一点的呢？其实方法很简单，但是令人无法忍受。他们把一个衣钩状的工具从鼻腔塞进颅骨里，用力搅拌，直到大脑变成液状，然后把尸体翻过来，大脑就会从鼻子里流出来。接着，伯瑞尔用黑曜石刀在尸体的腹部切开一道小口，取出全部内脏。但古埃及的木乃伊都留有心脏，因为古埃及人认为心脏是灵魂的载体。古埃及的防腐工匠用一种叫做"纳纯"的盐覆盖在尸体上，让尸体脱水。脱水是保存尸体最重要的一步，因为如果尸体能迅速脱水，细菌就不能使之腐烂了。

35天后，伯瑞尔的小组把尸体从纳纯中提取出来。他们制作的木乃伊和古埃及的木乃伊几乎完全一样。伯瑞尔说："人们在制作木乃伊的过程中学到了很多东西。人们学会了使用防腐技术，了解了制作木乃伊的全过程。人们知道了要用多少纳纯才能使尸体脱水。在这三方面人们都获益匪浅。"科学家仍在研究伯瑞尔制作的这具现代木乃伊，把它和拉美西斯的木乃伊进行比较，以便从中更清楚地了解古埃及人保存尸体的方法。拉美西斯这位古埃及皇室成员的木乃伊对科学家们的研究至关重要。由此现代人可以了解古埃及人的健康状况，了解古埃及最富有的成员所吃的食物……

拉美西斯大帝——这位埃及最伟大的法老，由于他的木乃伊帮助现代人解开了古埃及人制作木乃伊之谜，因而拉美西斯大帝木乃伊成为世界十大木乃伊排行榜上的冠军。

奥兹冰人之谜

奥兹冰人是一具有5300年历史的木乃伊，这具木乃伊所存的位置让人们推断：这个冰人不是凶杀，而是意外死在那里的。

1991年9月，两名德国人来到意大利境内的阿尔卑斯山探险。在一个1万英尺的山谷中，他们发现了一具赤裸、扭曲，脸朝下躺在冰中的尸体。起初，这两位探险者以为这个冰人是一位发生意外的现代登山者。而科学家的研究发现，这并不是意外死亡的现代登山者，而是一件也许有着几千年历史的无价之宝。

根据他被发现的地点，这个冰人被称"奥兹"。它也许是在自然条件下形成的最古老的木乃伊。在他死后，雪把他掩埋了。他被迅速冻结，因此得以保存。奥兹的尸体在冰雪中沉睡了5000年以上。他所在的地点向人们提示：很显然，是某种意外杀死了他。

奥兹冰人年约45岁，身上有很多文身。对于当时恶劣的环境来说，他的服装显得较完整。他皮肤上的毛孔仍清晰可见，甚至连眼球都保存完好。他有159厘米高，身上穿着由羊皮、鹿皮和树皮及草制成的三层服装，戴着帽子和羊皮护腿。他身旁还放置了一把铜制的斧头和一个装有14支箭的箭袋。

研究家们试图利用这些线索发现他以何为生，从何处来，受到什么样的袭击，最后一餐吃了些什么，死因究竟是什么。从1991年9月他被发现以来，在其身上不断获得的新发现，总能引起广泛的关注。

科学家们吃惊地在冰人的身上发现了47处文身，其背部和腿部的文身甚至接近于或者就在缓解背疼或腿疼的针灸位置。

X射线分析表明奥兹的骨关节炎曾对针灸有过反应。问题是针灸起源于2000~3000年前的中国，冰人的发现说明针灸或类似针灸的治疗法在5300年前就在远离中国的地方开始了。

奥兹的帽子由熊的皮毛制成，当时此地较现在有更多的熊出没，人们也许会组成狩猎队猎捕熊。奥兹的鞋引起研究者的较大兴趣，具有较佳的保暖性、保护性，在高山上还能防水。其底部较宽，且防水，说明是专门用于在雪地行走用的。鞋底用熊皮制成，鞋面则由鹿皮制成。

奥兹身上最令人吃惊的莫过于那把铜斧。因为科学家们一直以为人类在4000年前才掌握这样的熔铸及成型技术。此外，对奥兹头发的分析显示他参加过冶炼铜的工作。这个冰人令考古学家不得不重新考虑青铜时代的问题。这把铜斧长2英尺，斧把由浆果紫杉木制成。斧的项部不到4英寸，斧头边略弯。斧头表面的分析表明其含99%的铜，0.22%的砷，0.09%的银。含砷和银说明此种铜来自当地的铜矿。

起先，根据意大利考古博物馆的研究，人们认为，奥兹冰人是一位极其普通的牧羊人。当他在阿尔卑斯山上放羊时，突然刮起了一场风暴，他就这样被活活冻死了。在差不多10年中，科学家对他死因的研究毫无进展。后来，一位科学家发现了一条新线索。在对冰人经过一种被称作层面X线照相术的技术测试后，科学家发现冰人的左肩下有一枚箭头，在骨骼上还发现箭头射入他身体后留下的痕迹。研究人员称，奥兹很可能是死于战争，因为他身上武装着斧头、刀和弓箭。箭头进入体内的角度表明他是被人从下方击中。这柄箭不到1英寸长，穿过他的背部，切断臂上的神经和血管，停在肩膀和肋骨之间。由于箭没有射到任何重要器官，研究人员估计奥兹流了很多血，最后在痛苦中死去。

听到这样的分析，人们突然意识到奥兹是被谋杀的。《冰人：揭秘史前人时代》一书的作者布伦达·福勒说"我认为，目前对冰人之死最接近事实的推测是冰人和其他人发生了冲突，对方从背后向冰人放了一支冷箭。生命垂危的冰人逃进了阿尔卑斯山，然后死在那里。"

冰人现在被保存在意大利小城的木乃伊博物馆。奥兹冰人的意义在于它出现在冰雪中，并且牵涉到一桩5300年前的谋杀谜案，因而在十大木乃伊排行榜中占据第二名。

富兰克林木乃伊之谜

三具英国水手的冰冻木乃伊让人们弄清了发生在海上的一次悲惨事件的秘密。它帮助人们解开了历史上最大的航海之谜——为什么这支配备了最好的船只，拥有最先进的技术，由129个人组成的富兰克林远征队会一去不复返？

1845年，在大英帝国的鼎盛时期，英国政府委任探险家约翰·富兰克林为队长，进行一次探险，目标是找到穿越北极圈通往东方的捷径。当时，这样的探险足以和现在人类登月的壮举相媲美。此前曾有过57次寻找通道的行动，都均告失败。所以这次英国政府让富兰克林带队，再进行一次新的尝试，而且命令只许成功。

远征队的装备非常先进，他们称得上是当时的高科技远征队。比如甲板下面有热水管道，可以保持舱内的温度。他们还带有充足的食品。

罐头在当时可是新鲜事物，这两条船一共携带了8000听罐头，足够129名船员吃上5年。尽管他们出发前准备得非常充分，但还是没能回来。

在接下来的10年里，有许多营救小组寻找过这支远征队。有人在一座荒芜的冰岛上发现了一艘救生艇。显然，这给人们的感觉是水手弃船逃生了，使用救生艇上了荒岛。但是艇里的东西令人费解，艇里有窗帘杆、香皂和书。正常人逃命时是不会想着带这些东西的。人们不得其解。

140年来，这个谜一直悬而未决。但是科学家们知道，在远征队出发早期，有3名水手死在了比奇岛上。也许他们的尸体能够提供线索。1986年夏天，这个调查小组登上加拿大西北部的比奇岛，这个地方位于北极圈以北400英里。

搭好帐篷以后，调查小组的科学家就开始挖尸体，尸体是解开富兰克林远征队之谜的最后一线希望。经过20个小时的努力，他们才挖开石灰石泥板岩碰到了棺材。

比奇岛上的尸体已经变成了木乃伊，他们是被冰雪保存下来的。他们埋葬后就被冻结了，因此细菌无法侵入他们的身体组织。人们用了几桶热水给木乃伊解冻。8个小时后保存完好的尸体呈现在人们面前，接着又是一具。

科学家拍了X光片，还采集了组织、骨头和头发的样本。验尸工作很平常，没有令人兴奋的新发现。但人们发现这两名船员体内的铅含量是普通人的5倍。调查人员把这作为一条解密线索。科学家分析那些遇难水手很可能是死于铅中毒，但问题是两人是如何中毒的？

附近仍然堆放着远征队留下的垃圾，调查人员们终于在垃圾中找到了答案。水手们携带的罐头盒是用铅焊接的。他们在远征过程中，总是吃这些罐头，最终导致了体内铅蓄积过量因而中毒。铅还损害了他们的心智。因此船员们在试图走到安全的地方时，竟会在救生艇上装一些无用的奢侈品。由于铅中毒，队长以及船员的判断能力都降低了，因而他们无法清晰地思考。

最后，调查人员得出了令人心酸的结论：这些勇敢的队员是因为疾病、心智丧失后的疯狂和严寒而慢慢死去的。最后人们把这两具为富兰克林之谜提供了破解线索的水手木乃伊进行了重新安葬。

巴泽雷克古墓葬群的疑问

20世纪20年代，苏联科学家在巴泽雷克谷地发现了一片用石块冻土堆成的古代墓葬群，当发掘者将上面垒砌的石块和冻土挪开后，便看到了墓穴，但墓室上面还有一层厚厚的冰冻层覆盖着，连冰镐都刨不动。为了不损坏墓穴，发掘者采用了开水浇融冰层的办法，使穴内的棺木被完整挖掘出来。在两口木棺内安放着一男一女两具尸体，神态安详，似乎正在熟睡，男尸脸色较黑，颧骨凸出，上身刻满纹身图案；女尸深目高鼻，皮肤白皙。两具尸体都经过防腐处理，内脏已被清除，填满各种香料，并浸泡了油膏，使尸体得以完好保存下来。棺壁上挂着做工精细的毛织毡毯，最华丽的一幅面积达30米，另一幅巨大的地毯上绣着手执生命之树的女王，据说这是迄今世界上发现的最早的拉绒多彩毛毯。棺内随葬品中，还有不少中国的玉器、漆器、金器、青铜器和整块的丝绸、布匹和铜镜等，尸体的衣物用丝、毛和皮革的材料制成，缀着串珠及成百上千的金片。

后来考古学家们做了进一步的开掘，又发现了5座大墓，墓穴里不但有大量的纺织艺术珍品、乐器、烟具、青铜工具和武器等，甚至还有45匹配备马具的马的尸骨。巴泽雷克古墓群的发现几乎惊动了世界，尤其是随之而来的一些疑团，更牵动着各国考古学家的注意力。例如，古墓葬群的冷冻密封方式是自然条件偶然造成的，还是人工有意采取的措施？古墓葬群中的人属于什么种族，他们生活在什么年代？墓穴中的人是什么身份，为什么要如此密葬等？所有这些问题从不同的角度都有人提出各种看法，有的看法甚至是截然相反的，但至今尚没有人拿出权威性的结论。相对比较一致的看法是，古墓群的建造年代要早于2000年，墓中的一些器物有着欧亚游牧民族的特点。

纳菲尔塔莉墓探秘

纳菲尔塔莉是个美丽的女人，她得到了最伟大法老拉美西斯二世无与伦比的爱，幸福得连神都忍不住嫉妒，于是神悄悄偷走了她的生命。她死在了爱人之前，也因此成为法老心目中唯一的永恒，悲痛欲绝的法老为爱人修建了一座王后谷中最壮观的陵寝。

纳菲尔塔莉意为"最美丽的女人"。在拉美西斯二世放荡不羁的一生中，她是唯一一个得到了他永远爱恋的女人。在拉美西斯二世建起的伟大建筑物上，我们无数次地看到了这位美人的身影。

1904年，意大利考古学家斯基亚帕雷利发现了纳菲尔塔莉的陵基，然而墓室里已空空如也，王后木乃伊连同大量的随葬品早已被盗墓者洗劫一空，除了些盗不走的崩塌的壁画之外。壁画的内容十分丰富，为人们营造了一个生机盎然、繁花似锦的天堂生活。这些壁画是这座精美绝伦的陵墓留给后人的唯一财富，可以说是古埃及文明史上的无价之宝。

墓室位于地下40米处，由于这个深度的石灰石材质十分疏松，因此在绘制壁画之前，为了给艺术家们提供平滑的墙面，古埃及的工匠们会先在上面涂抹一层泥灰。3000年时间过去了，墓壁的泥灰正在成片地脱落，于是绘制在墙面上的壁画也岌岌可危，这使考古学家和文物保护工作者们焦急万分。斯基亚帕雷利同样意识到了问题的严重性，并卓有远见地为陵墓建立了一个永久的档案。在这份珍贵的档案里，保存着一位牧师为古墓里里外外拍摄的照片，以及132块玻璃平板底片。60年后，当人们打算修复这些正以无法控制的速度腐朽脱落的壁画时，照片被作为蓝本起到了重要作用。

修复工作是十分漫长的，来自国内外的拯救人员首先对遗址进行了综合的科学分析。他们甚至还分析了王后谷周围的地质和水文状况，分析了当地的湿度、温度变化对陵墓可能产生的影响，查找了那些制造腐朽和脱落的小水藻和小细菌。为了做好周密的调查工作，他们动用了X射线、化学实验和分光摄像仪等现代手段来判断原来绘画的材料。然后队员们为即将修复的壁画绘制了草图，比较详细地标示出了受损的地方，这些为修复做足了准备工作。最难进行的是清理工作。壁画表面布满了污垢和蜘蛛网，而稍微的风吹草动都有可能让它们受到更严重的损害，于是采用低压气枪来吹去壁画表面的细小浮尘。

△ 纳菲尔塔莉陵墓壁画

　　如今人们看到的是陵墓里焕然一新的壁画，除了那些永远不可能修复的部分之外，其他部分都做了尽可能的弥补和加固。这真是一项伟大的工程，当我们看到这些壁画的时候，似乎可以瞧见王后柔美的身姿和她走动时身上轻轻飘动的薄纱，可以看到3000年前那些歌舞升平的美好年代。

　　尽管人们对这里的壁画念念不忘，可还是被告知"此地不可久留"。原因很简单，因为如果有12个人在陵墓中待上1个小时的话，空气湿度就会增加5％，而湿度一旦达到50％，墓室里就会出现结晶盐，这种物质正是古墓壁画的天敌。

　　如今，披着豹子皮的何露斯和带有横条柱子的圆柱依然环绕在纳菲尔塔莉粉红色的花岗石棺旁边，而芳华绝代的纳菲尔塔莉却永远无法看到这一切了。很多人认为拉美西斯二世迎娶纳菲尔塔莉只是一桩那个年代里常见的政治婚姻，但事实上他们的婚姻非常美满。

　　自从拉美西斯二世在继承王位前不久娶了她之后，就与她形影不离。在现存的很多壁画与雕像上，人们看到她出现在各种各样的宗教仪式和国事活

△ 纳菲尔塔莉陵墓壁画

动中，与丈夫亲密地依偎在一起。拉美西斯二世还把他所能想到的最美的称谓毫不保留地送给了这位爱妻，其中有"最受宠爱者"、"魅力、甜蜜和爱的拥有者"、"上下埃及的女主人"、"法老的正妻"、"受神眷顾者"等。他甚至还以少年般的浪漫写下过这样的话："阳光为她而照"、"我对她的爱独一无二——没有人能和她匹敌，因为她是所有人中最美丽的一个。我从她身边经过时，她就已经偷走了我的心。"

然而，生命无法永恒，只余空空墓地，见证了繁华瞬间。